Bodo Meier

Tiere in Aquarell

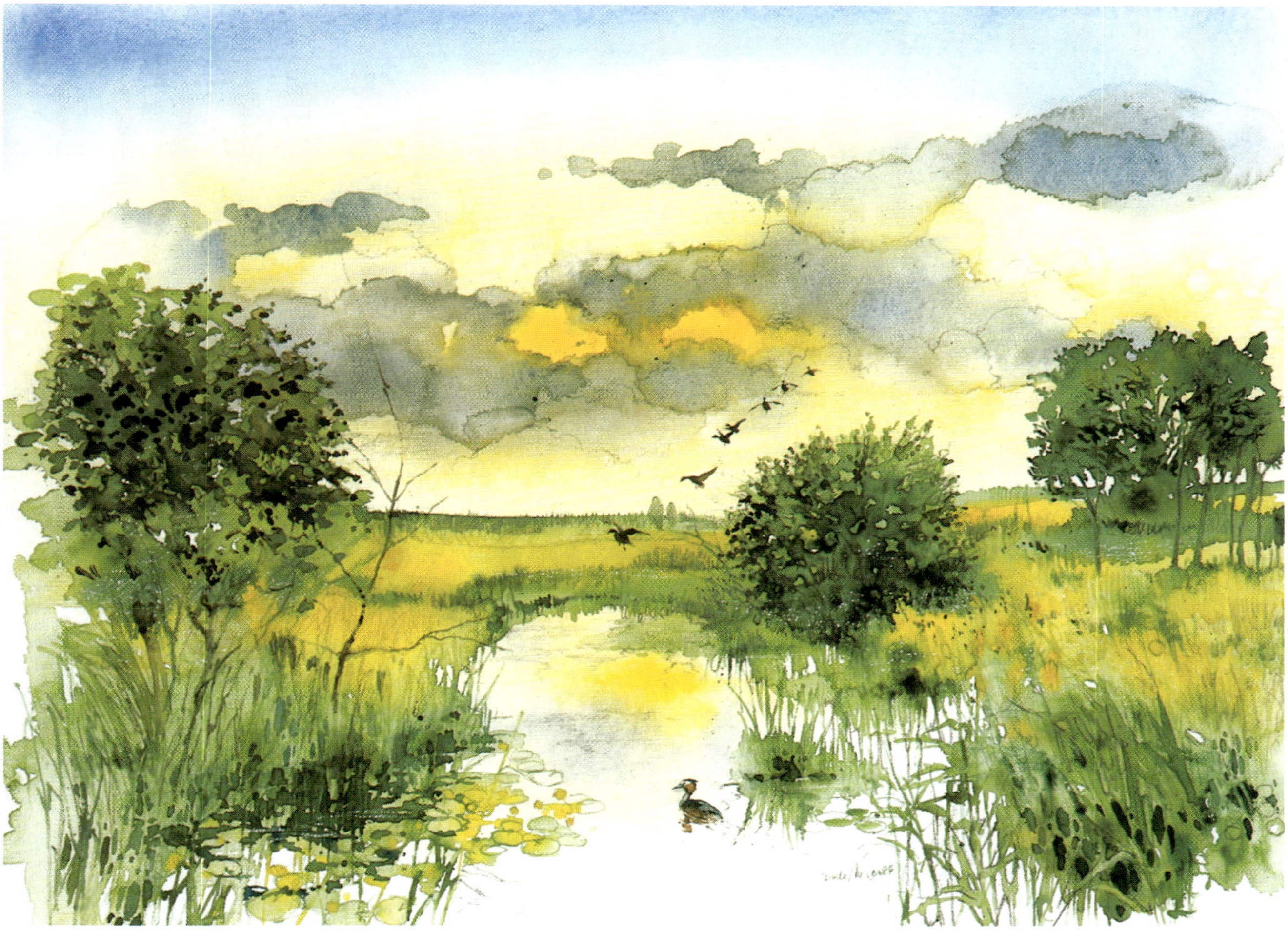

Ravensburger Ratgeber
im Urania Verlag

Zum Autor:
Bodo Meier, geboren 1949, ist Lehrer für Kunst und Biologie in Siegen und arbeitet als Künstler und Illustrator für Zeitschriften und Bücher. Seit beinahe 20 Jahren leitet er Kurse für Aquarell- und Ölmaltechniken und Tiermalerei. Seine Tierdarstellungen entstehen auf Reisen, u. a. nach Nordamerika und Afrika, und sind auf zahlreichen Ausstellungen zu sehen.

Die Deutsche Bibliothek – CIP-Einheitsaufnahme

Ein Titeldatensatz für diese Publikation ist bei Der Deutschen Bibliothek erhältlich.

www.dornier-verlage.de
www.urania-ravensburger.de

3. Auflage September 2001

Der Urania Verlag ist ein Unternehmen der Verlagsgruppe Dornier.
Umschlaggestaltung: Ekkehard Drechsel BDG
Umschlagbild: Bodo Meier
Fotoaufnahmen: Axel Junker,
mit Ausnahme Seite 68: Bodo Meier und
Seite 1, 3, 9, 14, 15, 30, 80: Klaas Sonnenschein
Satz: DTP - Quark XPress 3.1
Gesamtherstellung: J. P. Himmer, Augsburg
Printed in Germany

ISBN 3-332-01067-0

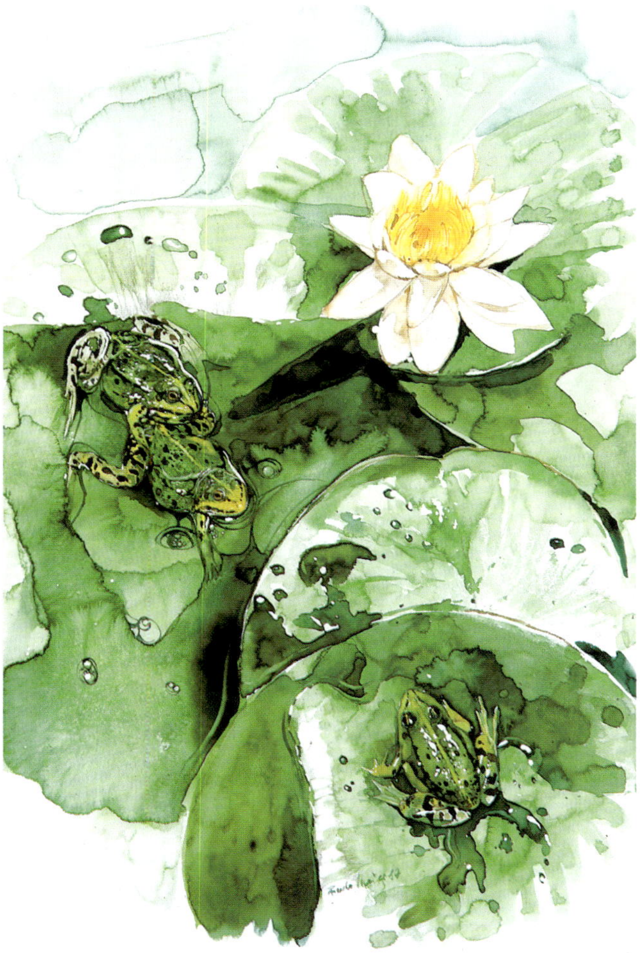

Das Lebendige und die Vielfalt der Tier- und Pflanzenwelt darzustellen oder im raschen Skizzenentwurf Bilder des eigenen Hundes, der Katze oder des Wellensittichs einzufangen, ist ein Wunsch vieler Menschen. Das Malen ist dabei zugleich Möglichkeit, sich dem Tier und der Natur auf ganz eigene Art und Weise zu nähern. Dieses Buch wendet sich an alle, die einen Einstieg in die Grundlagen des Tieraquarellierens suchen. Die Anleitungen sind so aufgebaut, daß der Leser sowohl mit den gängigen Aquarelltechniken als auch mit den Besonderheiten des Tiermalens vertraut gemacht wird. In zahlreichen detaillierten Schritt-für-Schritt-Übungen können Sie experimentieren, ausprobieren und so langsam den Aufbau von Tiergestalten kennenlernen. Wichtig ist dabei vor allem das Beobachten von Tieren, sehen zu lernen, zu lernen, sich mit einem Motiv vertraut zu machen. Nehmen Sie sich Zeit, bevor Sie mit dem Malen anfangen; beobachten Sie Ihren Hund oder Ihre Katze, Pferde und Rinder auf der Weide, Tiere im Zoo, Käfer, Schmetterlinge und Vögel im Garten. Lernen Sie durch Beobachtung den Bewegungsablauf, das Spiel der Muskeln und die Proportionen kennen; aber nehmen Sie sich nicht gleich zuviel vor. Die ersten Versuche werden und müssen einfach sein: Fangen Sie mit Skizzen an, die sie schließlich farbig ausarbeiten; gerade das Aquarell ist gut geeignet, sich im Skizzieren zu üben.

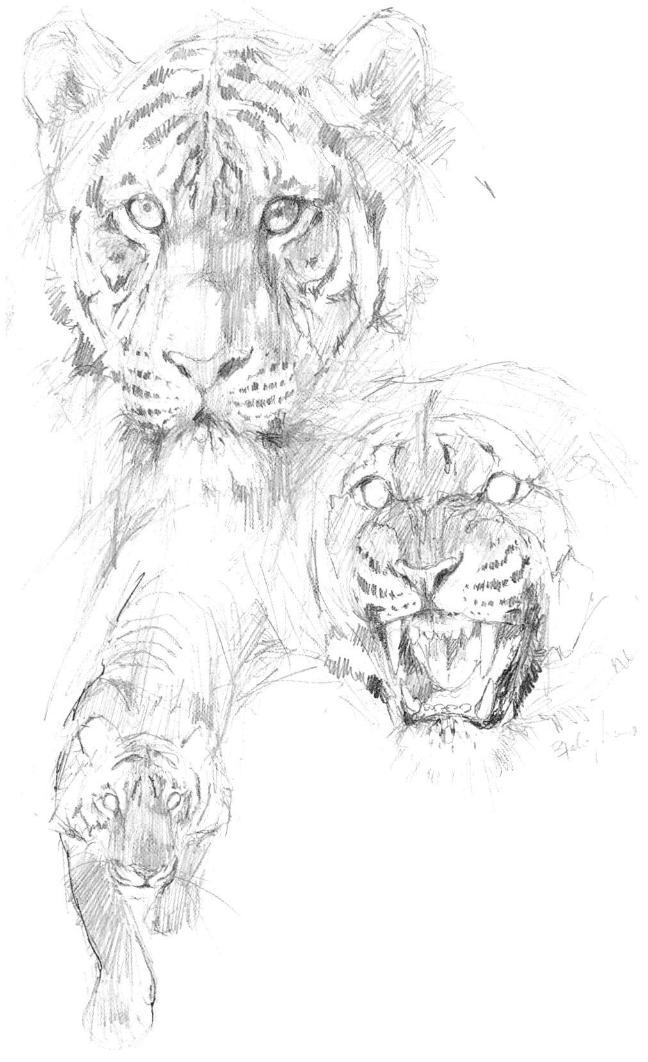

Neben der Auseinandersetzung mit verschiedenen Aquarelltechniken und Erklärungen zur Verwendung von Farben stellt natürlich beim Thema „Tier" die Anatomie einen weiteren wichtigen Aspekt dar. Die unglaubliche Fülle und die Artenvielfalt der Tierwelt kann in einem Buch dieses Umfangs zwar nur exemplarisch abgehandelt werden, doch wird Ihnen ein Einstieg vermittelt, auf den Sie später leicht und sicher weiter aufbauen können.

Ich möchte Ihnen einige Tiere vorstellen und Ihnen die verschiedenen Möglichkeiten aufzeigen, diese zu zeichnen und im Aquarell wiederzugeben. Bei der Auswahl der Themen habe ich mich vor allem mit Tieren beschäftigt, die jeder kennt und in seiner Umgebung antrifft. Die hier vorgestellten Beispiele werden so aufgearbeitet, daß Sie sie leicht auch auf andere Tierformen übertragen können. Die Zugänglichkeit eines Motivs ist ein ebenso wichtiges Kriterium: Nur wenn Sie die Möglichkeit haben, ein Tier immer wieder zu beobachten und zu skizzieren, bekommen Sie ein Gefühl für seine Formen und Proportionen. Sie lernen, wie sich Tiere bewegen und verhalten; das Tier wird Ihnen vertraut. Sie können zum Beispiel Ihr Haustier zeichnen und malen, und Sie finden Motive auf dem Bauernhof oder im Zoo.

Aber bevor wir jetzt beginnen: Seien Sie nicht enttäuscht, wenn Ihre ersten Versuche noch nicht Ihren Erwartungen entsprechen. Den Zauber und die Schönheit der Tierwelt im Aquarell oder in der Zeichnung einzufangen, ist ein lohnendes Ziel, und mit etwas Übung und Geduld werden Sie schon bald einige gelungene Bilder erhalten.

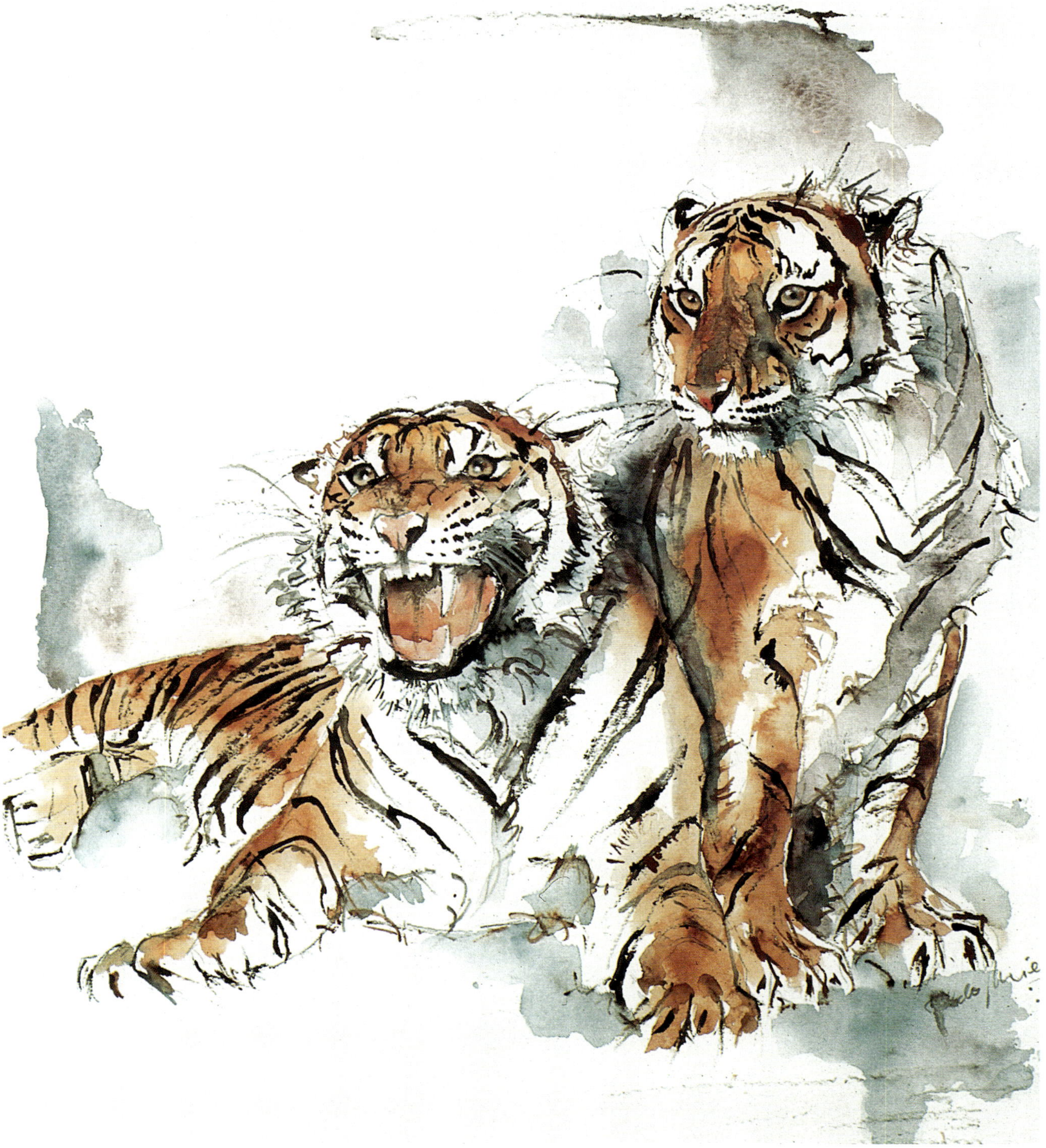

Meine eigenen Erfahrungen im Tiermalen reichen zurück bis in meine Kindheit, in der ich häufig den Hannoverschen Zoo besuchte. Im alten Raubtierhaus konnte ich nicht lange genug verweilen. Wie gebannt stand ich vor den Käfigen, saugte die Atmosphäre in mich auf und nahm den langen Blick aus den honiggelben Augen der großen Katzen und ihr grollendes Purren als Erinnerung mit nach Hause. Dort hielt ich dann das Erlebte in Bleistiftzeichnungen fest.

Was macht nun das Tiermalen so faszinierend? Vielleicht weil es einen unmittelbaren Kontakt zu einem Lebewesen herstellt und das Malen zu einer Begegnung mit dem Tier wird. Vielleicht sind es auch die Vielfalt und die Gegensätzlichkeiten, die eine besondere Herausforderung darstellen: Die geheimnisvolle Gefährlichkeit des Tigers kann ebenso beeindruckend sein wie die Verletzbarkeit eines Schmetterlings.

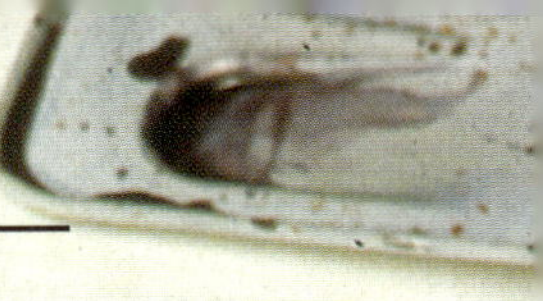

Aquarellieren zu lernen bedeutet immer auch, mit dem für die Aquarellfarben so charakteristischen transparenten Farbauftrag umgehen zu lernen. Denn das Aquarell entfaltet nur dann seine ganze Schönheit und Leichtigkeit, wenn diese Transparenz der Farben beim Malen erhalten bleibt.

Folgende Regeln helfen uns dabei:

1. Die Farbe sollte möglichst spontan und locker auf das Papier gesetzt werden.
2. Setzen Sie nicht zu viele Farbschichten übereinander.
3. Verwenden Sie im Pinselstrich die Farbe mit viel Wasser, malen Sie also nicht zu trocken. Die optimale Menge an Wasser ist die, die der nach unten gehaltene Pinsel gerade noch halten kann, ohne zu tropfen.

Natürlich gibt es auch Abweichungen von diesen Regeln, doch davon später mehr. Verständlich werden diese Regeln, wenn wir bedenken, daß beim Aquarell der zumeist verwendete weiße Malgrund von Anfang an die oberste Stufe der Helligkeit vorgibt. Wir können durch den Farbauftrag also nur in eine Tönungsrichtung gelangen, nämlich von Hell nach Dunkel. Anders ist dies bei deckenden Farben wie etwa der Ölfarbe, bei der wir von einem mittleren Tonwert ausgehend sowohl in Richtung Dunkel als auch in Richtung Hell malen können. Beim Aquarell kann eine einmal aufgetrocknete Farbschicht nicht mehr aufgehellt werden. Eine weitere Farbfläche deckt diese nicht ab, sondern die erste Farbschicht scheint durch die zweite hindurch. Ohne Beachten gewisser Farbregeln können die durch diese transparente Überlagerung entstehenden Farbtöne schnell grau und unsauber wirken.

Eine weitere Schwierigkeit des Aquarells liegt darin, daß Korrekturen nach dem Auftrocknen einer Farbschicht kaum mehr möglich sind. Je nach Beschaffenheit des Papiers dringen die Pigmente rasch in das Papier ein und können nicht mehr entfernt werden. Versucht man, trockene Farbschichten auszuwaschen, bilden sich graue, stumpfe Schlieren. Den Versuch, noch nasse oder feuchte Farbe mit einem trockenen Lappen auszuwischen, sollte man in jedem Fall vermeiden. Hiermit werden die Pigmente erst richtig in den Untergrund getrieben. Solange die Farbe noch nicht trocken ist, kann man sie mit einem nassen Schwamm (Natur- oder Viskoseschwamm) vorsichtig wegwaschen.

Aus all diesen Gründen ist ein schnelles Malen notwendig, d. h. Farbauftrag und Pinselstrich müssen „sitzen". Dem Aquarellisten stehen allerdings eine Reihe von Techniken zur Verfügung, mit deren Hilfe sich einige der genannten Schwierigkeiten meistern lassen. Hierzu zählen u. a. Zusatzmittel wie Abdeckflüssigkeit, Gummiarabikum, Salz, Ochsengalle und noch einiges mehr.

Eine Erweiterung kann die Aquarelltechnik durch Kombination mit graphischen Techniken und deckenden, wasserlöslichen Farben erfahren; auch dies wird später Gegenstand des Buches sein.

Es gibt viele Gründe, warum das Aquarell als Technik der Illustration zunehmend an Bedeutung gewinnt und sich bei Profi- wie Hobbykünstlern immer größerer Beliebtheit erfreut: Seine rasche Verwendbarkeit und der damit verbundene geringe Material- und Kostenaufwand sowie die einfache Handhabung der Materialien machen es zu einer idealen Maltechnik für alle Landschafts- und Naturmaler.

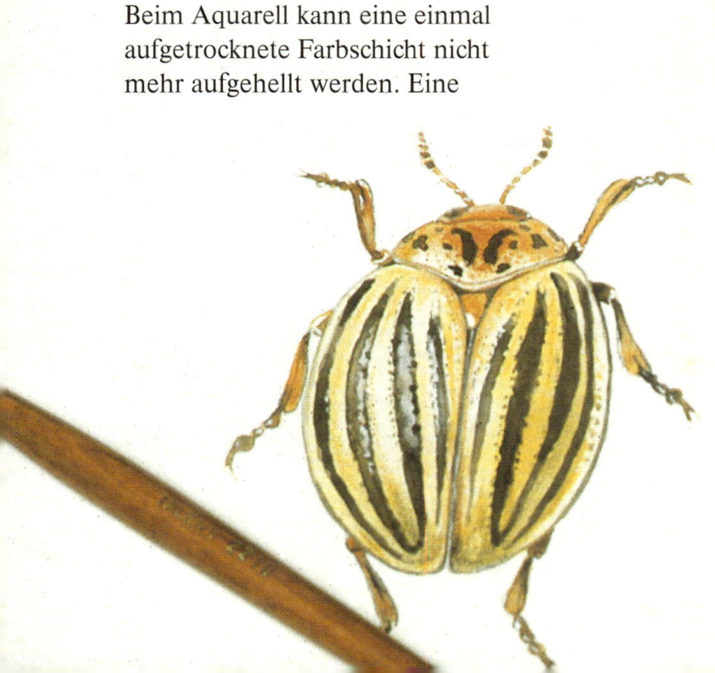

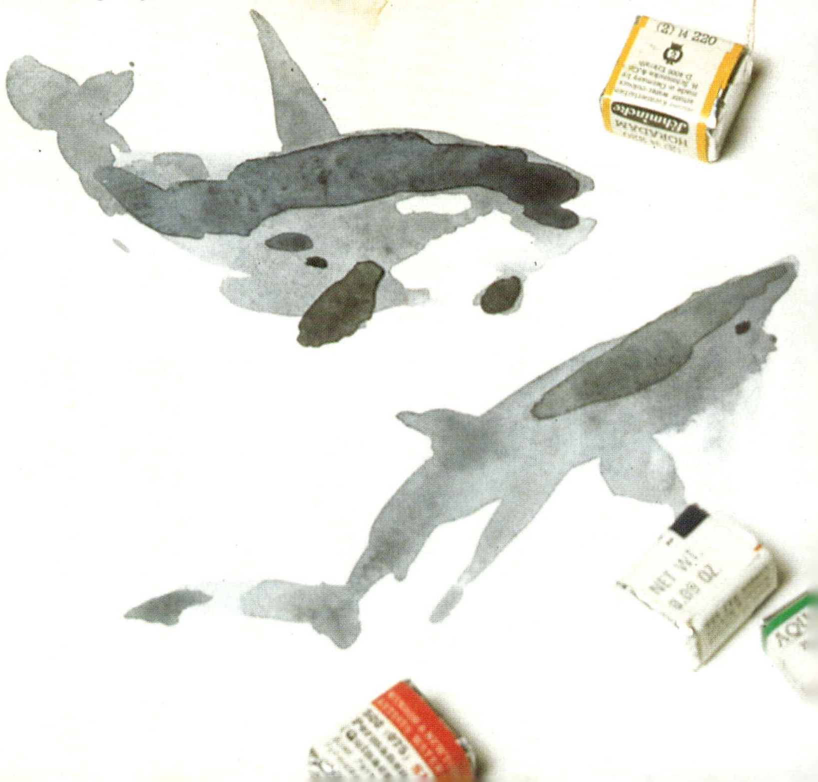

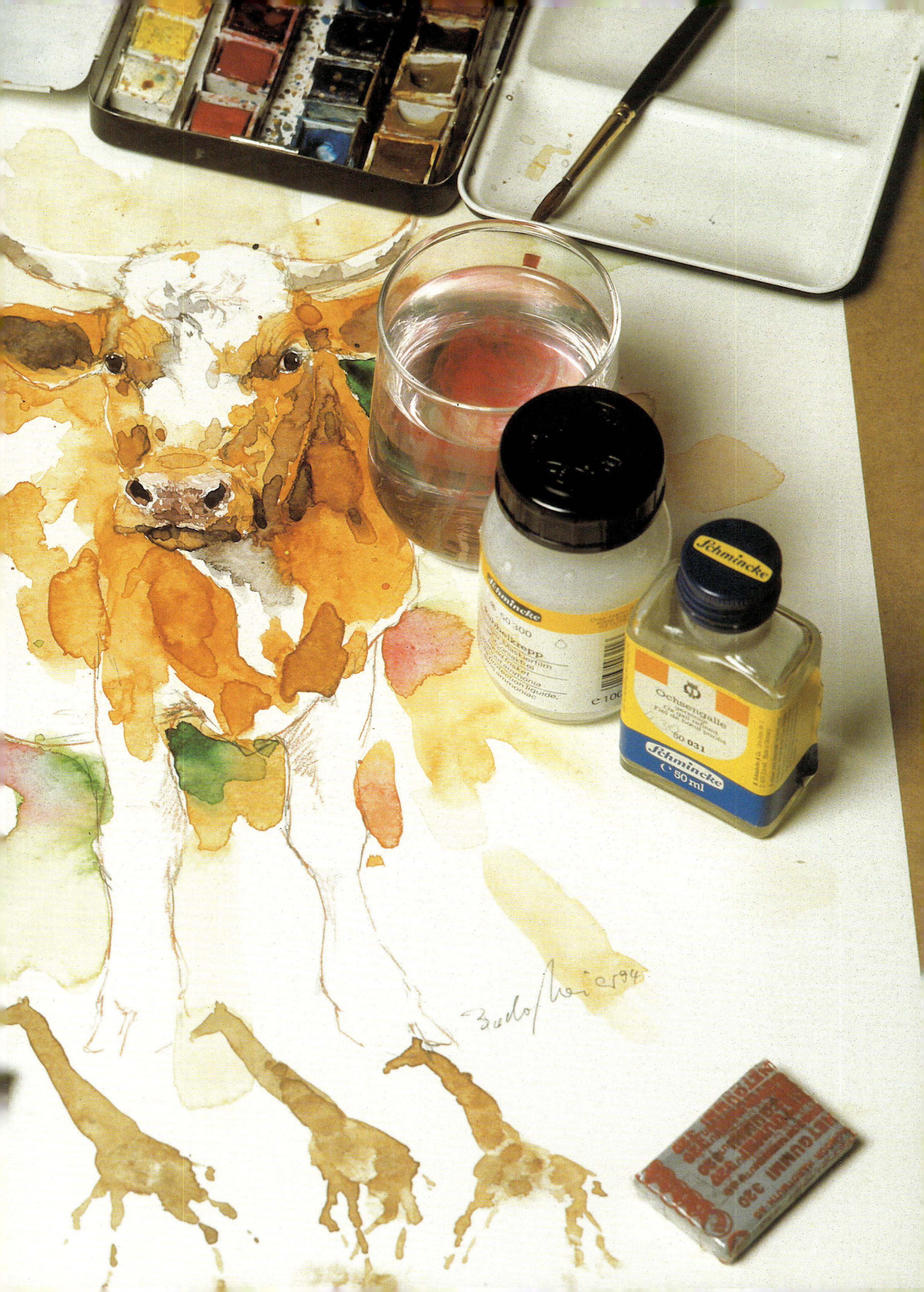
Schmincke
Ochsengalle
50 031
Schmincke
50 ml

Die Tiermalerei hat eine lange Tradition, die bis zu den steinzeitlichen Felsbildern in den Höhlen und Felsnischen Südeuropas und Afrikas zurückreicht. Warum Menschen diese beeindruckenden Tiergestalten geschaffen haben, bleibt ein Rätsel, jedoch waren die Lebensräume von Mensch und Tier sehr viel enger verknüpft als heute. Das Tier war Beute auf der Jagd und doch auch bewundertes und respektiertes Geschöpf, in dem man den zum Teil gleichwertigen Gegner anerkannte. Manchen Tieren wurde sogar eine magische Bedeutung zugesprochen, die auch in den Bildern zum Ausdruck kommt.

Im deutschen Sprachgebrauch ist die Tiermalerei eng mit dem Begriff der Jagdmalerei verbunden, wobei es sich meist um die Darstellung des Jagdhandwerks oder Stilleben mit Jagdmotiven handelt. Die größte Anerkennung erfährt die Tiermalerei heute in Nordamerika und England, wo auch das Aquarell eine lange Tradition besitzt. Die Tiermalerei wird dabei mit dem inzwischen allgemein anerkannten Begriff „wildlife art" umschrieben. Schließlich sei zudem die naturwissenschaftlich-zoologische oder botanische Darstellung von Tieren erwähnt, die einem hohen Grad an wissenschaftlicher Objektivität entsprechen muß und aus fachwissenschaftlichen Büchern nicht mehr wegzudenken ist. Häufig entstehen diese farbigen Zeichnungen auf der Grundlage des Aquarells.

Dieses Buch wird Sie in die bunte Welt der Tiermalerei entführen. Sicher sind Anfangsschwierigkeiten und der eine oder andere Mißerfolg zu bewältigen: Manchmal kommt man mit einer Technik nicht zurecht, und manchmal gelingt es einfach nicht, die Proportionen eines Tieres stimmig wiederzugeben. Glücklicherweise läßt sich die Formenvielfalt aber auf einige Grundmuster reduzieren, und mit etwas Übung wird es Ihnen schnell gelingen, über die ersten Bleistift- und Aquarellskizzen zu einem fertigen Bild zu gelangen.

Bevor Sie mit dem Malen beginnen, ein paar Tips:

1. Lassen Sie sich beim Gang durch den Zoo von den Tieren inspirieren, suchen Sie sich dabei ein Motiv aus, das Sie anspricht und zum Malen motiviert.
2. Bei der Auswahl des Motivs sollten Sie bedenken, daß nicht alle Tiere und Situationen gleichermaßen zum Malen geeignet sind. Zum Beispiel Tiere zu zeichnen, die sich sehr schnell bewegen oder ein Motiv aus einer großen Entfernung einzufangen, ist für den Anfänger relativ schwierig. Ich gehe mit meinen Kursteilnehmern daher in der Regel zuerst zu den meist bewegungslos daliegenden Krokodilen, deren markante Form zudem eine gute Übung für das Malen und Zeichnen ist.
3. Lernen Sie zu sehen! Beobachten Sie das Malobjekt, verschaffen Sie sich Hintergrundinformationen zu „Ihrem" Tier, studieren Sie Verhalten, Körperbau und Bewegung, und prägen Sie sich körperliche Merkmale ein. Schließen Sie die Augen, und lassen Sie Ihr Modell vor Ihrem inneren Auge erscheinen.
4. Nur, was Sie kennen, sehen Sie: Fertigen Sie kleine Bleistiftskizzen an. Mit dem ganz locker aufgesetzten Bleistift (das Eigengewicht des Stiftes reicht aus, um den notwendigen Druck auf dem Papier zu erzeugen) wird in kreisenden Linien die Tiergestalt erfaßt. Dabei müssen Sie nicht sofort in einer Linie den Umriß festlegen, sondern können mit vielen verschiedenen Linien nach der idealen Form suchen.

Als weiterführende Übung können Sie mit wenigen Pinselstrichen kleine einfarbige Pinselskizzen anfertigen. Mit einem dicken Rotmarderhaarpinsel (Gr. 8 oder 10) kann man zum Beispiel sowohl Flächen als auch feine Linien auf das Papier bringen und lernen, die Gestalt des Tieres in seiner Proportion und in der Bewegung darzustellen. Bei allen Skizzenübungen ist es wichtig, das Motiv rasch zu erfassen (besonders, wenn die Tiere in Bewegung sind). Voraussetzung dafür ist eine Beschränkung auf die wichtigsten Formmerkmale des Körperbaus.

5. Haben Sie Geduld! Um Technik und Malmotiv einigermaßen zu beherrschen, brauchen Sie etwas Zeit und Übung. Bedenken Sie, auch das Erlernen einer Fremdsprache oder eines Musikinstruments braucht Zeit.

Die nachfolgenden Malanleitungen bieten in Skizzen und Übungsbeispielen die Möglichkeit, charakteristische Merkmale von verschiedenen Tierarten nachzuarbeiten. Sie werden feststellen, daß Sie nach und nach an Sicherheit in der Ausdrucksform gewinnen. In jedem Kapitel erfolgt eine ausführliche Behandlung der typischen Grundformen der jeweils behandelten Tiergruppe. Zu jeder „Schritt-für-Schritt-Übung" finden Sie eine Farbpalette mit den verwendeten Farben, und gleichzeitig lernen Sie, die Aquarelltechniken in der Tiermalerei anzuwenden.

Wie kommt nun ein Maler zu seinem Motiv, und wie wird das Motiv in ein Bild umgesetzt? Neben der Beobachtung in der Natur sind sicher auch Foto und Film wichtige Medien (ohne das Phasenfoto wäre man nicht hinter das Geheimnis der Schrittfolge eines vierfüßigen Tieres gekommen), die als Anregung für den Tiermaler eine unersetzliche Hilfe und für den Anfänger als Vorlage eine gute Übung sind.

Fotos können also bei der Umsetzung eines Motivs von großem Nutzen sein. Sie sollten jedoch immer Hilfsmittel bleiben und nie die eigenen Ideen überdecken. Auch ein gutes Präparat kann man, soweit sich seine Beschaffung aus ethischen und ökologischen Gründen vertreten läßt, benutzen (ich habe einige Präparate aus einer alten Schulsammlung). Zu Beginn der Arbeit an einem Bild steht jedoch eine Vorstellung, die zum Beispiel

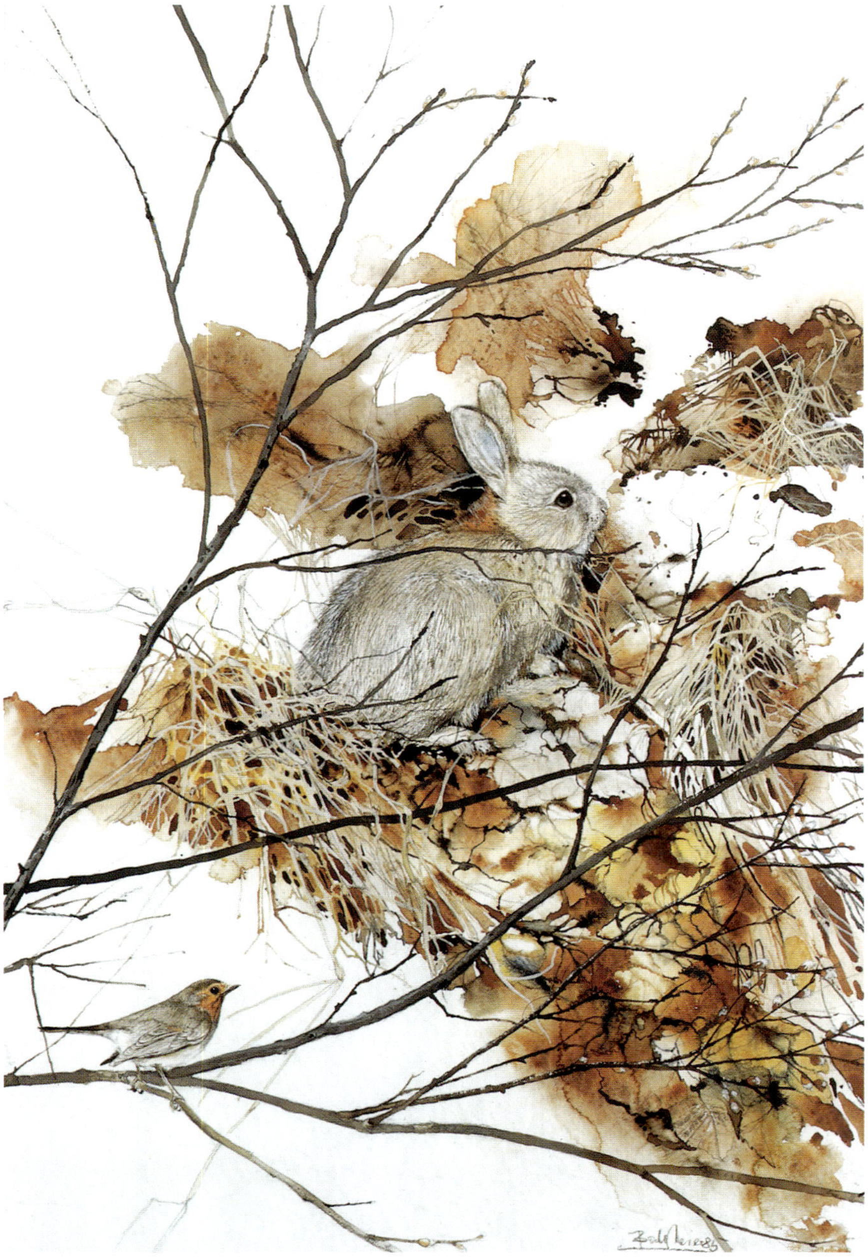

Der letzte Schnee
(Aquarell – Acryl – Farbstift)
Kaninchen sind in unserer Gegend seltener als Hasen. Vor einiger Zeit sah ich aber dann doch einmal ein Kaninchen, das sich eines Morgens in unseren Garten gewagt hatte. Es war Anfang März, und die ersten wärmenden Sonnenstrahlen hatten an einigen Stellen den Schnee vom verwelkten Gras und den vorjährigen Fruchtständen weggetaut.
Die Flechten des alten Grases wurden auf die unbehandelte Aquarellunterlage mit deckender Acrylfarbe gemalt, ebenso einige Partien am Körper des Kaninchens. Das Rotkehlchen wurde mit Aquarell und Farbstift ausgearbeitet.

durch ein besonderes Erlebnis hervorgerufen werden kann. Die Idee zum Bild „Der letzte Schnee“ entstand, als ich von meinem Fenster aus im Garten die Begegnung zwischen Kaninchen und Rotkehlchen beobachten konnte.
Nachdem ich mich eine Weile mit einem Thema beschäftigt habe und langsam eine Vorstellung von dem Bild entstanden ist, erstelle ich Skizzen und sammle Fotos oder fertige eigene Fotos an. Diese Vorarbeit kann einige Zeit in Anspruch nehmen; manchmal lasse ich eine Idee auch einige Monate ruhen, bevor ich sie zu Papier bringe.

Eine Maltasche mit den Materialien, ein Wasserkanister zum mehrfachen Nachfüllen des Malbechers sowie zum Auswaschen von Pinseln, ein Klappstuhl für das Malen im Freien sowie ein Fön für die Studioarbeit gehören zur Grundausstattung des Aquarellmalers. Im Vergleich zu anderen Maltechniken nehmen sich diese Materialliste und die zum Aquarellieren nötigen Vorbereitungen eher bescheiden aus und öffnen uns daher unproblematisch die Möglichkeit, in der Natur zu malen.

Die Maltasche sollte enthalten:

1. Aufgespanntes Papier oder einen Malblock sowie einen zusätzlichen Skizzenblock
2. Farben
3. Pinsel
4. Wasserbecher oder ein kleines Schraubdeckelgefäß aus Plastik
5. Eine flache, längliche Plastikdose mit verschließbarem Deckel, die Stifte, Spitzer, Radiergummi, Skalpell oder Messer, Rubbelkrepp, Ersatzfarben und einen kleinen Korrekturschwamm enthält. Ein größerer Schwamm (Naturschwamm oder Viskoseschwamm) und ein sauberer Lappen beenden die Liste.

Für das Malen unterwegs ist es außerdem sinnvoll, eine Mappe zur Aufnahme fertiger Arbeiten mitzunehmen.

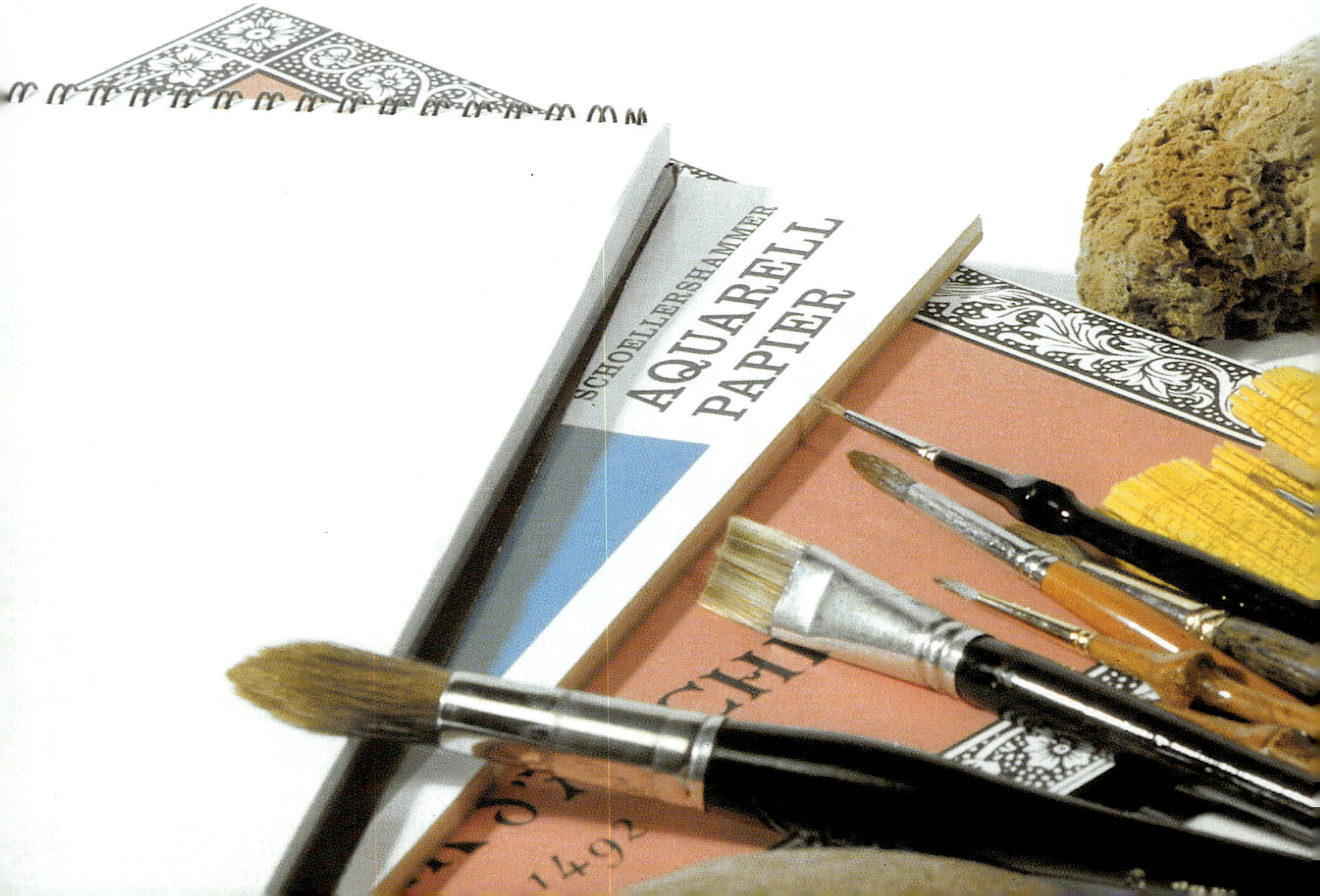

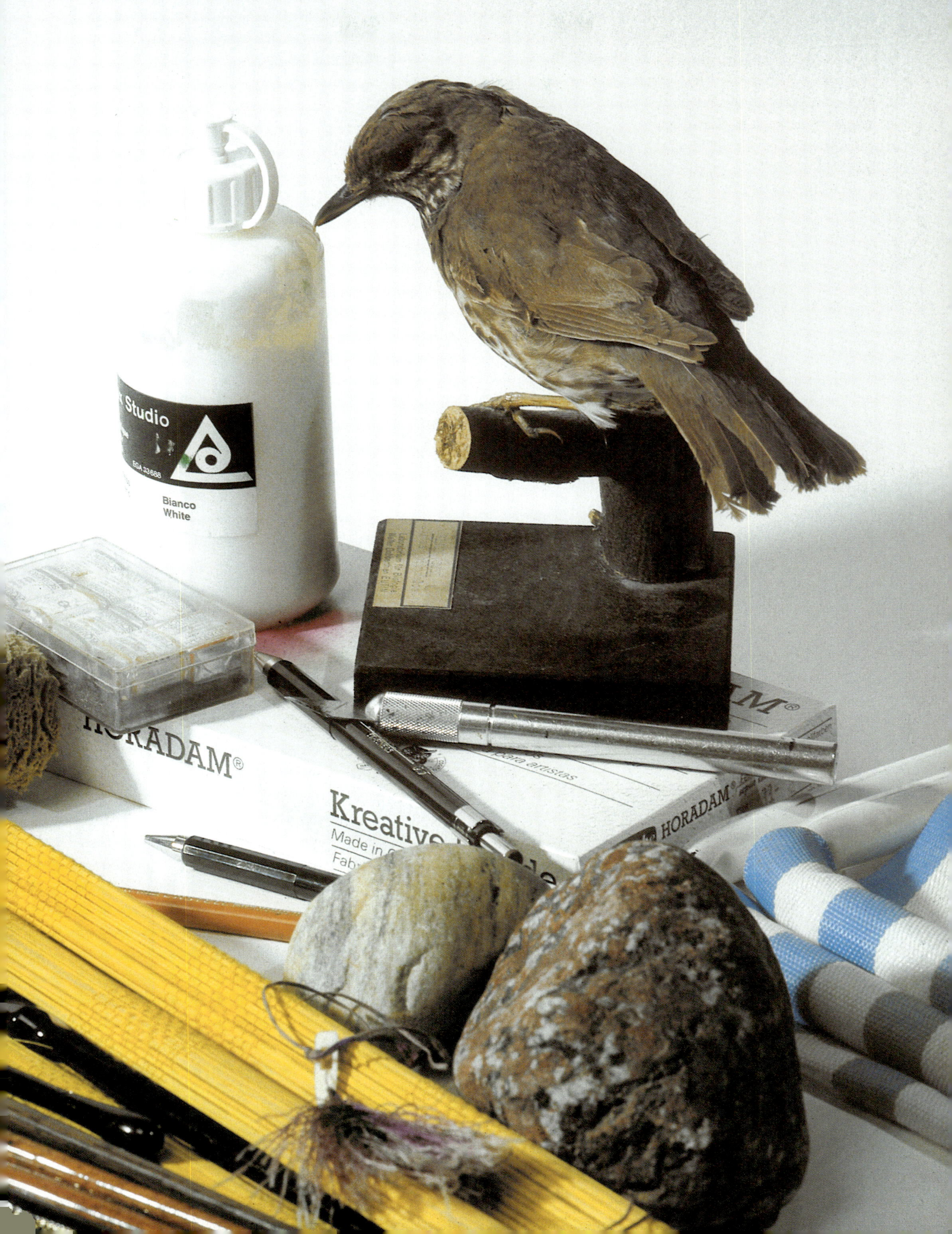
Studio
Bianco
White
HORADAM®
Kreativ
Made in
para artistas
HORADAM®

Das Spannen des Papiers

Zu Beginn jeder Arbeit ist es nötig, das ausgewählte Papier aufzuspannen, so daß es sich beim Malen nicht verziehen und keine Falten werfen kann. Für das Malen im Freien empfiehlt sich ein verleimter Block, auf dem das Papier ebenfalls gespannt ist, auch wenn es dem Vergleich mit selbstgespanntem Papier nicht standhält. Der Vorteil des Blocks liegt aber darin, daß er leicht zu transportieren ist und mehrere Blätter zur Verfügung stehen.

Damit Ihnen ansonsten das Spannen auch gelingt, sollten Sie folgendes beachten: Zunächst brauchen Sie eine Holzfaserplatte, die die Größe Ihres Papiers an allen Seiten um mindestens 5 cm überragt. Die Stärke der Platte sollte 1,2 – 1,5 cm betragen. Das Papier wird nun für etwa zehn Minuten ins Wasser gelegt, es muß dabei vollständig mit Wasser bedeckt sein. Zweckmäßig ist eine Fotowanne für kleinere Formate, für größere Formate kann man eine große Bodenvase nehmen, in die das Papier aufgerollt hineingesteckt wird. Bei gutem, hadernhaltigen Malkarton (Schoellers Hammer) schadet selbst ein Wässern von mehreren Stunden nicht. Echtes handgeschöpftes und naturverleimtes Aquarellpapier (Arches und Canson) darf dagegen nur angefeuchtet werden. Das Papier wird nun auf dem Holzbrett ausgebreitet und mit einem Naturschwamm glattgestrichen. Dabei müssen Sie das Wasserzeichen lesen können, es darf nicht spiegelverkehrt sein. Nun benötigt man vier Klebestreifen, die das Papierformat um 3 – 4 cm überragen. Man darf nur Naßklebeband verwenden. Selbstklebendes Paketband haftet auf dem nassen Papier nicht. Vor einigen Jahren war das Naßklebeband nur schwer erhältlich; heute findet man es in Künstlerfachgeschäften.

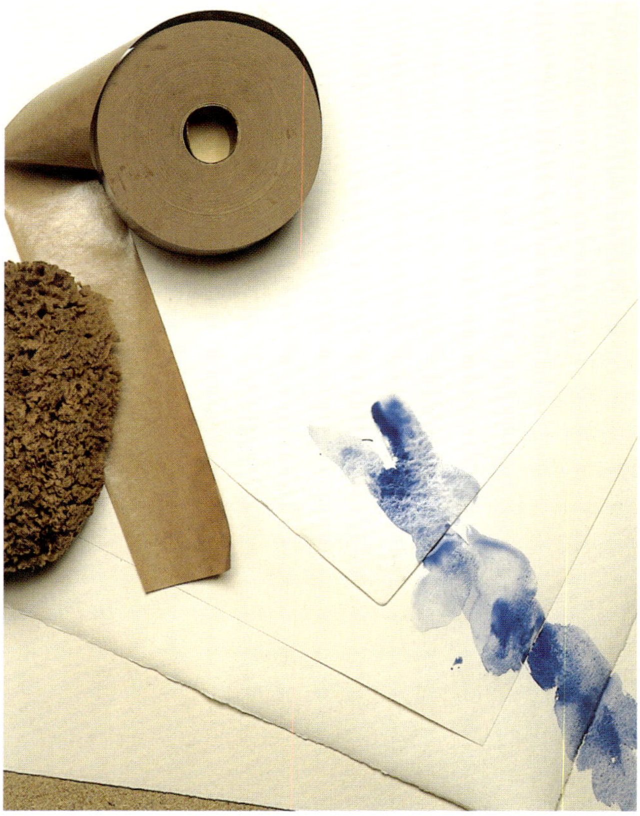

Mit einem dicken Rundpinsel werden zwei Drittel des Klebebandes angefeuchtet. Der trockene Teil der Klebeseite wird dann auf das nasse Papier gedrückt und der feuchte Teil auf die trockene Holzplatte. Befestigen Sie zuerst die Längsseiten und dann die beiden Breitseiten. Die Klebestreifen müssen dabei ganz fest auf das Papier gepreßt werden. Verwenden Sie dafür am besten ein weiches, trockenes Tuch. Mit einem sauberen Schwamm nehmen Sie anschließend alle überschüssige Nässe auf und sorgen für einen gleichmäßigen Feuchtigkeitsfilm auf Papier und Klebestreifen. Bedenken Sie, daß während des Trocknungsprozesses ein enormer Zug auf Papier und Klebestreifen ausgeübt wird. Daher sollte man ihn niemals beschleunigen, indem man zum Beispiel das frisch gespannte Papier der Sonne oder einseitig der Heizung aussetzt; die Klebestreifen würden reissen. Zum Trocknen legt man die Holzplatte waagerecht mit dem Papier nach oben in einen gleichmäßig temperierten Raum. Nach ein bis zwei Stunden kann mit dem Malen begonnen werden. Wenn das Bild fertiggestellt ist, darf es erst von der Platte gelöst werden, wenn es vollkommen durchgetrocknet ist; es sollte daher noch einige Stunden gespannt bleiben.

Pinsel

Die am besten zum Aquarellieren geeigneten Pinsel sind Rotmarderhaarpinsel. Zu ihren Qualitätsmerkmalen gehört vor allem eine hohe Formbeständigkeit. Im nassen Zustand muß der nach unten gehaltene Pinsel in eine feine Spitze zulaufen, er muß eine große Wassermenge aufnehmen und gleichmäßig wieder abgeben können. Da Rotmarderhaarpinsel relativ teuer sind, genügen zur Grundausstattung drei Pinsel der Größen 2, 4 und 10. Für filigrane Arbeiten gibt es noch kleinere Größen (1, 0, 00, und sogar 000). Normalerweise wird aber höchstens noch ein Pinsel der Größe 1 benötigt. Neben den teuren Marderhaarpinseln kann man auch Kunsthaarpinsel (Softsynthetikhaar) verwenden. Besonders dann, wenn Maskiergummi (siehe unten) eingesetzt wird, sollte man auf einen solchen Pinsel zurückgreifen. Außerdem sind noch einige dickere Pinsel (Fehhaar, Rindshaar) zum Beispiel der Größe 12 und 24 zu empfehlen.

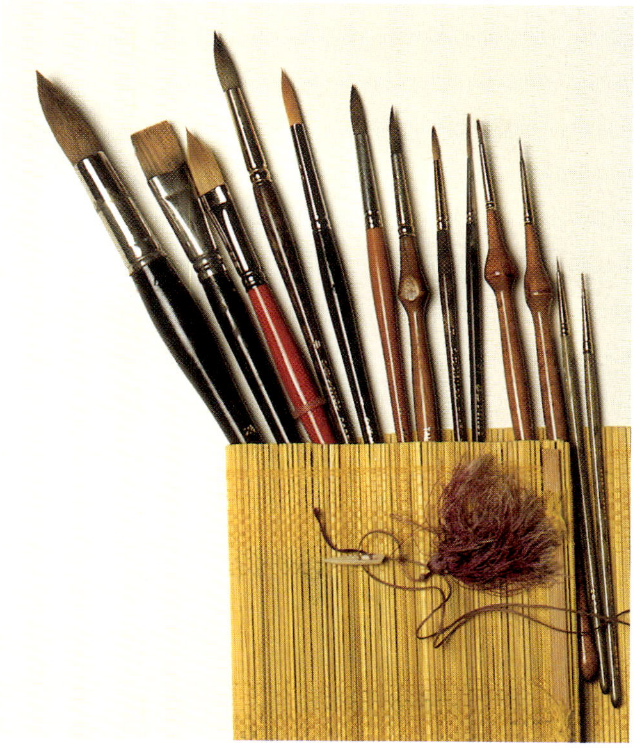

Farbe

Alle in Deutschland vertretenen Anbieter für Künstler-Aquarellfarben liefern brauchbare Produkte, die sich weniger in ihrer Qualität als im Spektrum der Pigmentvielfalt unterscheiden. Um bestimmte Farbtöne zu erhalten, ist es manchmal notwendig, die Produkte verschiedener Hersteller im Farbkasten zu vereinen. Die Frage allerdings, ob man Tuben- oder Näpfchenfarbe verwenden soll, ist reine Geschmackssache. Die Auswahl der Farben, die ein Maler benutzt, wird weitgehend von seinen Motiven bestimmt; Blumenmaler werden sicher ein Schwergewicht auf die Gelb-, Rot- und Violettöne legen, ein Tiermaler hingegen auf die Brauntöne.

Recht praktisch ist es, sich einen Leerkasten (36er) zu kaufen und ihn nach und nach mit der Auswahl von Farbtönen zu bestücken, die man benötigt. Im folgenden stelle ich Ihnen eine Auswahl von Farbtönen vor, die zum einen als Grundausstattung und zum anderen für die Verwendung im Tierbild empfehlenswert sind:

1. Gelb und Orange: Echtgelb, Indischgelb (alternativ Kadmiumgelb), Kadmiumorange. Gelbtöne sind sehr schöne Lichtfarben. Indischgelb wird oft in Fellfarben eingesetzt (zum Beispiel beim Tiger).
2. Rot, Rosa und Violett: Kadmiumrot, Permanentrot, Krapplack, Brillant-Purpur (alternativ Purpurlack), Echtviolett (alternativ Malve). Vor allem Violett ist eine ausdrucksvolle Schattenfarbe.
3. Blau: Ultramarinblau, Indigo, Preußischblau, Bergblau, eventuell Winsorblau; alle Blautöne sind Schattenfarben, die in Verbindung mit Brauntönen ein „farbiges" Grau ergeben. Wichtig ist Indigo als Alternative zu Schwarz. Bergblau ist die Farbe eines klaren Sommerhimmels und wirkt als Schattenfarbe kühl.
4. Grün: Zinnobergrün, Phthalogrün, Echtgrün oliv (der bei Schmincke so bezeichnete Farbwert darf nicht mit Olivengrün verwechselt werden), alternativ Hookersgrün, Saftgrün, Chromoxidgrün (stumpf).
5. Ocker und Braun: Lichter Ocker, Siena natur, Lichter Ocker gebrannt, Siena gebrannt, Umbra gebrannt, Sepia und Vandyckbraun.

Diese 24 Farbtöne können nach Bedarf und Geschmack erweitert werden. Viele Künstler verzichten auf Weiß und Schwarz ganz. In Ausnahmen wird mit Acrylweiß gearbeitet, das sich hervorragend mit Aquarellfarben mischen läßt. Anstelle des leblosen Schwarz kann man Indigo mit einem dunklen Braun mischen. Auch Paynesgrau kann mit gewisser Vorsicht eingesetzt werden. Überhaupt sollte man einige Farbtöne sparsam verwenden, so zum Beispiel Indigo, das großflächig aufgetragen eine düstere Stimmung vermittelt. Ähnlich ist die Wirkung von Chromoxidgrün und Caput mortuum, einem dunkelroten Braunton.

Ergänzende Materialien

Beim Malen können sich noch einige weitere Utensilien als sehr nützlich erweisen:

- Da ist zunächst ein alter Pinsel, dessen Stiel mit einem scharfen Messer angespitzt wurde, um ihn dann in die Farbe getaucht zum Zeichnen im Bild zu verwenden. Die Linien, die mit diesem Pinselstiel entstehen, sind kantig und grob, aber sehr lebendig. Die Technik stammt vom Zeichnen mit der Rohrfeder, ein wenig zeichnerische Übung gehört allerdings dazu.
- Maskiergummi (Rubbelkrepp, Masking Fluid) erleichtert die Arbeit beim Aussparen größerer Flächen. Man sollte beim Auftrag einen alten Pinsel verwenden, da die Pinselspitze trotz regelmäßigen Auswaschens schnell verklebt. Nur im flüssigen Zustand ist Rubbelkrepp wasserlöslich. Angetrocknete Gummireste im Pinsel können später nur noch mit Waschbenzin ausgewaschen werden.
- Ein Fön zum schnellen Trocknen der Farbflächen. Mit dem Fön können aber auch farbige Wasserflächen verteilt werden, wodurch neue Strukturen entstehen.
- Ein Skalpell oder Graphikermesser, mit dem trockene Farbe zur Gestaltung von Lichtpunkten herausgekratzt wird.
- Ein Naturschwamm zum Auswaschen frischer Farbe und ein trockener Lappen zum Aufsaugen überschüssigen Wassers. Vorsicht! Mit dem Lappen sollte man nicht versuchen, nasse Farbe abzureiben.
- Eine kleine Bastmatte zum Aufbewahren der Pinsel.
- Einige gute Farbstifte, vor allem Brauntöne, zum Zeichnen im Aquarell (keine wasserlöslichen Stifte!).

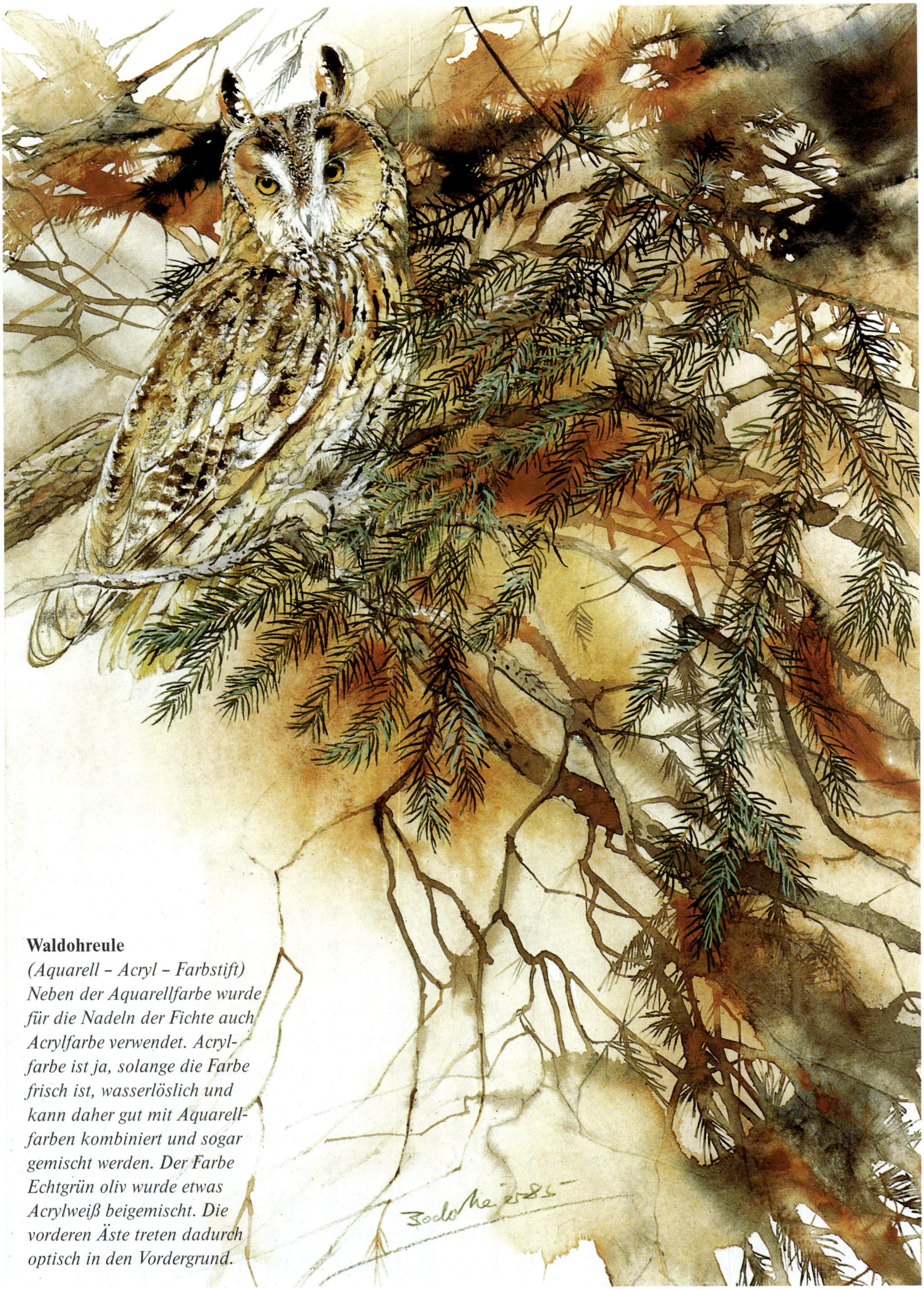

Waldohreule
(Aquarell – Acryl – Farbstift)
Neben der Aquarellfarbe wurde für die Nadeln der Fichte auch Acrylfarbe verwendet. Acrylfarbe ist ja, solange die Farbe frisch ist, wasserlöslich und kann daher gut mit Aquarellfarben kombiniert und sogar gemischt werden. Der Farbe Echtgrün oliv wurde etwas Acrylweiß beigemischt. Die vorderen Äste treten dadurch optisch in den Vordergrund.

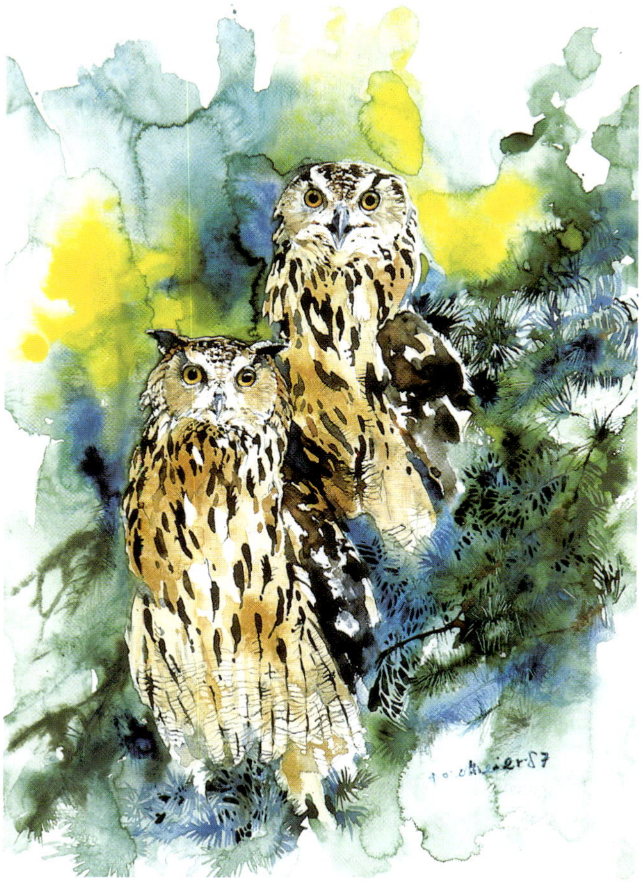

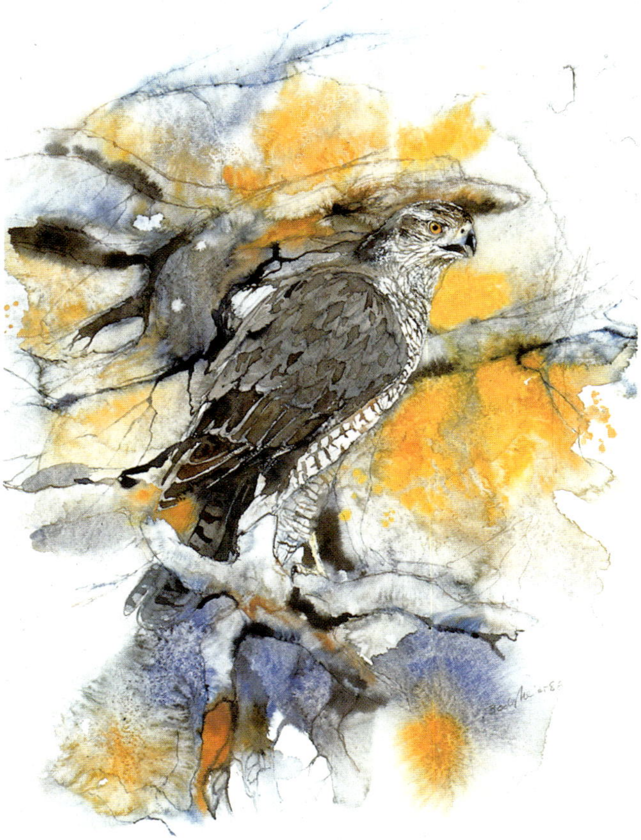

Uhus
Der Uhu ist unser größter Eulenvogel. Leider ist er sehr selten geworden. Die Skizzen zu diesem Bild entstanden im Saupark bei Springe. Auffallend bei den Uhus sind die Federbüschel an den Kopfseiten, die wie Ohren wirken. Es wurde ausschließlich mit Aquarellfarben gearbeitet. Der Kontrast zwischen dunklen und sehr intensiven Farben wie Echtgrün oliv und Preußischblau einerseits sowie dem Gelb des Hintergrundes und dem fahlen Braun des Gefieders andererseits vermittelt die Atmosphäre einer mondhellen Nacht.

Habicht
Die Vorarbeiten zu diesem Bild (Fotos und Skizzen) entstanden bei der Beizjagd. Ähnlich wie die Nachtgreifer, die Eulen, ist auch der Habicht ein heimlicher Jäger und schwer zu beobachten. Als Maler habe ich daher die Gelegenheit dankbar angenommen, eine Jagd mit dem Habicht auf Kaninchen beobachten und malen zu dürfen. Natürlich habe ich die Jagdattribute wie Geschüh (Glocke und Fessel am Fuß des Vogels) und die behandschuhte Faust des Jägers weggelassen. Dafür habe ich ihn in seiner natürlichen Umgebung gemalt, wie ich ihn manchmal beobachten kann, wenn er nach jagdbarem Niederwild Ausschau hält. Das Bild wurde im wesentlichen nur aus zwei Farben, nämlich Kadmiumorange und Preußischblau, aufgebaut. Etwas Siena gebrannt und Indigo ergänzten die Farbpalette. Durch spontanes Ineinandertupfen der Grundtöne entstanden im sehr nassen Zustand auf dem Papier Zwischentöne. Etwas Kochsalz auf die nasse Farbe gestreut erhöhte den Mischeffekt und vermittelt den Eindruck von nassem, regnerischem Wetter.

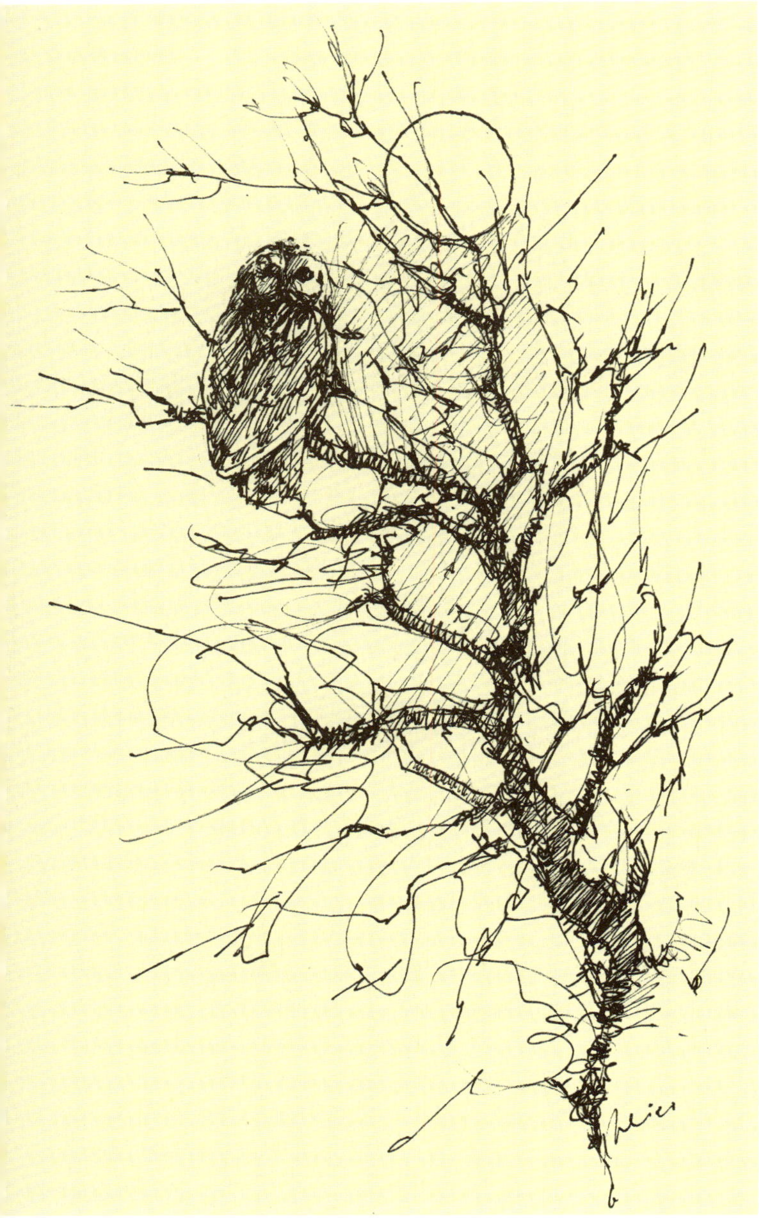

Die Nacht ist klar und kalt. Die Zweige der alten Eiche am Waldrand schimmern silbrig im Mondlicht. Aus dem Geäst klagt der Ruf eines Käuzchens. Die Antwort kommt von einem Weidenpfahl am Wiesenrain. Der Waldkauz, halb verborgen vom Walddunklen, halb sichtbar im kalten Licht des Mondes, lauscht, den Kopf gewendet. Ohren und Augen entgeht nichts; ein leichtes Rascheln auf dem Boden, ein zartes Fiepen, ein huschender Schatten und schon gleitet der Nachtjäger mit lautlosem Flügelschlag heran - Eulennacht.

Den Waldkauz umgibt wie alle Eulen etwas Geheimnisvolles. Das Gesicht ist herzförmig mit großen, dunklen Augen. Das Gesichtgefieder verläuft in Strahlen vom Zentrum der tiefliegenden Augen zum Herzrand. Der Hakenschnabel, nicht so ausgeprägt und vorstehend wie bei den Greifvögeln, ist fast vollständig im Nasengefieder verborgen.

Die Gestalt des Waldkauzes ist einfach: Der Körper rundlich mit dickem Kopf und ohne erkennbaren Einschnitt zwischen Kopf und Rumpf, aber mit der Fähigkeit, den Kopf auf den Rücken drehen zu können; Brust und Bauch sind ockerfarben bis weiß mit braunen, länglichen Tropfen, das Rückengefieder rindengrau bis braun mit weißen Sprenkeln, die einzelnen Konturfedern eigenwillig gemustert und gebändert.

All dies sind Informationen und Beobachtungen, die man vor dem Malen zusammentragen sollte. Denn je mehr der Maler von seinem Objekt weiß, um so besser wird er das Typische und Charakteristische erkennen und erarbeiten können. Noch einmal also unser wichtigstes Grundprinzip, das wir dem Malen voranstellen: Nur was wir genau sehen und kennen, können wir auch malen.

Die nebenstehende Aquarellskizze zeigt einige Vertreter der recht kleinen Eulenfamilie. Allesamt sind in ihrem Bestand gefährdet: oben links der adlergroße Uhu, unsere größte Eule; darunter der kleine Steinkauz, daneben, im Anflug, eine Schleiereule; rechts oben, auf einem Weidenpfahl, eine Sumpfohreule. Da diese ein Tagjäger ist, kann man sie an Orten wie zum Beispiel auf den eingedeichten Marschwiesen der Insel Wangerooge gut beobachten.

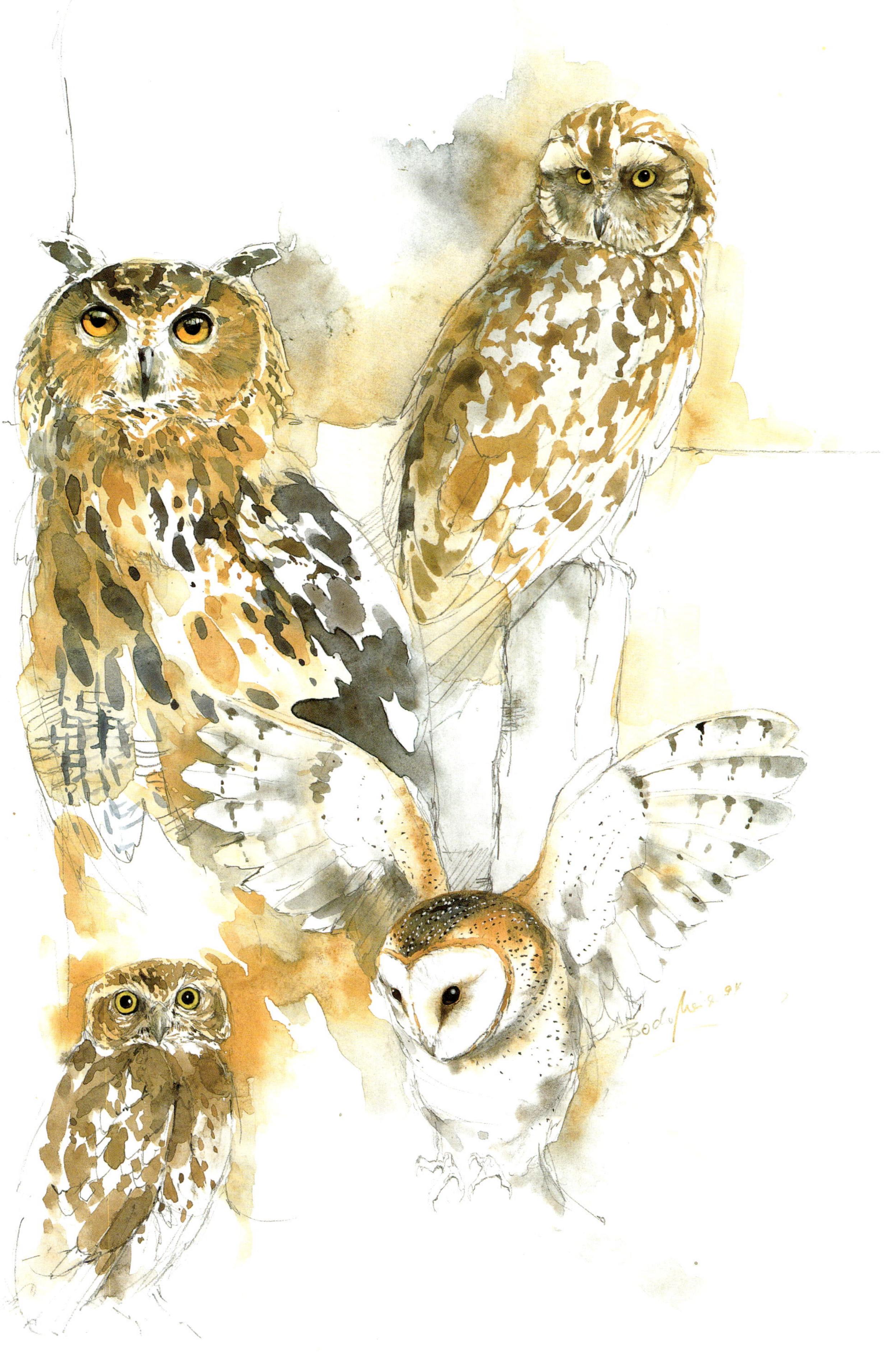

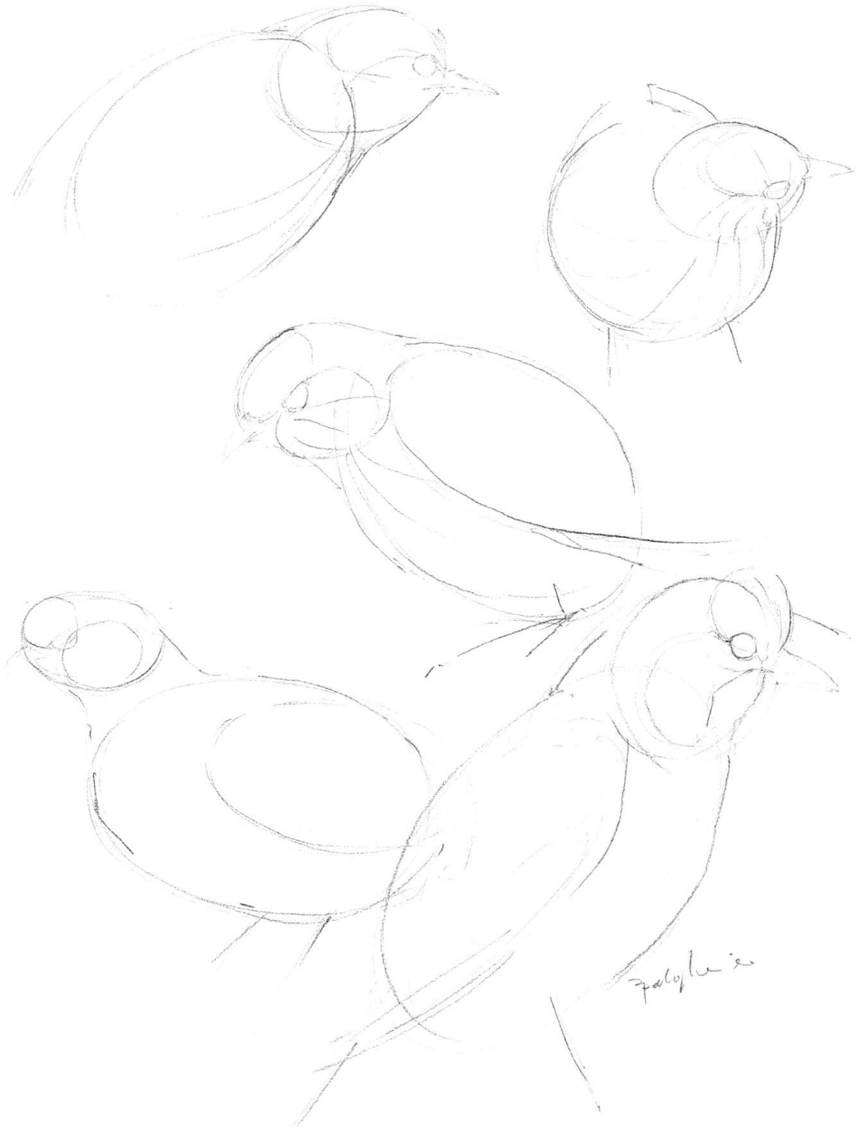

Gestalterische Grundlagen zur Vogeldarstellung
Suchen Sie sich möglichst ein Motiv, das Sie wirklich begeistert, und von dem Sie sich einmal ganz und gar gefangennehmen lassen. Dies ist natürlich nicht immer einfach. Aber das Geheimnis eines guten Bildes liegt vielleicht auch darin, daß dies auf die eine oder andere Art gelingt. Es spielt dabei keine Rolle, ob Sie Eulen oder Insekten malen, wichtig ist die Motivation zu malen und die Faszination, die das Objekt auf Sie ausübt. Den Weg von den ersten Vorarbeiten bis zu einem fertigen Bild möchte ich Ihnen am Beispiel des Themas „Waldkauz im Mondlicht" vorstellen. Zunächst ist es hilfreich, sich über einige allgemeine Grundlagen der Vogelanatomie klarzuwerden. Diese bereitet dem Anfänger gewöhnlich wenig Probleme. Schwieriger ist da schon die Gestaltung des Gefieders im Aquarell und die Darstellung einiger Details wie Schnabel und Füße. Grundsätzlich lassen sich alle Gegenstände, die wir sehen, auf die sogenannten Grundformen, den Kreis, das Oval, das Rechteck und das Quadrat, reduzieren. Vogelkörper können meist mit wenigen Kreisen wiedergegeben werden, wie die folgenden Zeichenübungen zeigen. Diese schematischen Skizzen helfen, zunächst die Gesamtform des Motivs zu erfassen, ohne sich vorzeitig in Details zu verlieren. Natürlich variieren Kreise und Ovale in Größe und ihrer Lage zueinander (Überschneidungen der Kreise sind selbstverständlich möglich) je nach Vogeltyp und der Perspektive, aus der man das Motiv betrachtet.
Durch weitere Kreise wird die Grobform des Vogels noch etwas deutlicher herausgearbeitet: Flügel, Wangen- und Stirnpartie entstehen. Zusätzlich können der Verlauf des Gefieders (erkennbar an einer eventuellen Gefiederzeichnung), Schnabel, Augen, Schwanz und Füße grob angedeutet werden. Sobald Sie ein wenig Übung haben, Tierkörper mit Hilfe von Kreisformen zu gestalten, wird es Ihnen nicht schwerfallen, auch andere Tiere nach dieser Methode zu erfassen.

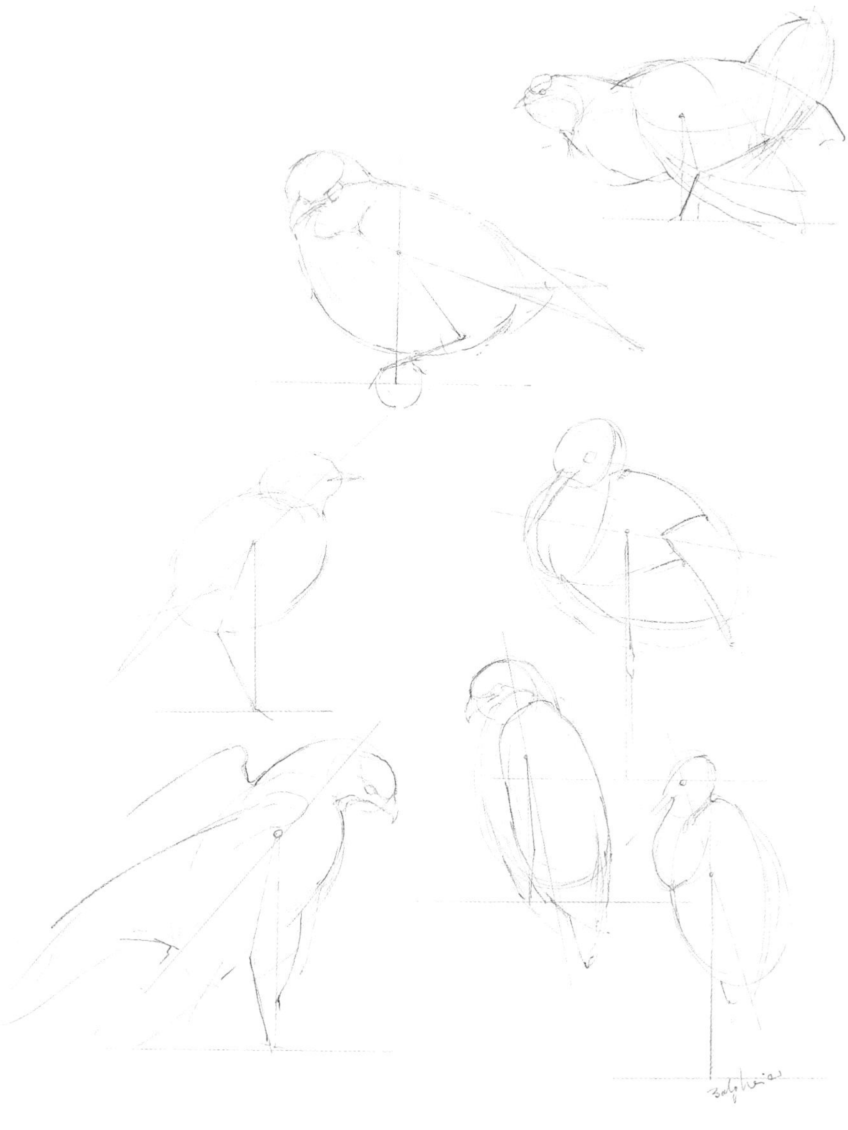

Weitere Skizzenübungen
Alle Vögel kennzeichnet ein einheitlicher Bauplan, der, bei allen Besonderheiten der einzelnen Ordnungen, Familien und Arten, eine charakteristische Übereinstimmung in den wesentlichen Merkmalen aufweist. Hierzu gehören der Hornschnabel, die Körperbedeckung aus Federn und die besondere Ausrichtung des Vogelkörpers an das Fliegen, indem zum Beispiel die Vorderextremitäten Flügel sind. Ein Vogel steht also, anders als die meisten Tiere, auf nur zwei Beinen.
Die Skizzen zeigen die möglichen Grundhaltungen des ruhenden (sitzenden bzw. stehenden) Vogelkörpers. Zu beachten ist, daß für alle Zweibeiner die aufrechte Haltung ein komplizierter Balanceakt ist und der Schwerpunkt des Körpers immer über den Füßen liegen muß. Im Unterschied zum Menschen, bei dem die Linie Schwerpunkt - Boden auf der Körperachse liegt (der Mensch weist somit die extremste Form der aufrechten Haltung auf), weicht beim Vogel die Linie Schwerpunkt - Fuß in einem Winkel bis zu max. 90° von der Körperachse ab. Dabei bildet die Körperachse mehr oder weniger eine Waage. In der Abbildung oben habe ich einige Vögel in sitzender Haltung skizziert. Zu beachten ist, daß ein Vogel nicht nach vorne oder hinten umkippen darf. Je weiter er sich nach vorne beugt, um so stärker müssen die Beine gewinkelt sein, sind Schwanz und Kopf Gegengewichte; je weiter er sich aufrichtet, um so mehr verschiebt sich die Linie Schwerpunkt - Fuß in die Körperachse. Der Balanceakt ist besonders dann wichtig, wenn der Vogel auf einer kleinen Auflage (etwa einem Ast) sitzt oder wenn er läuft.

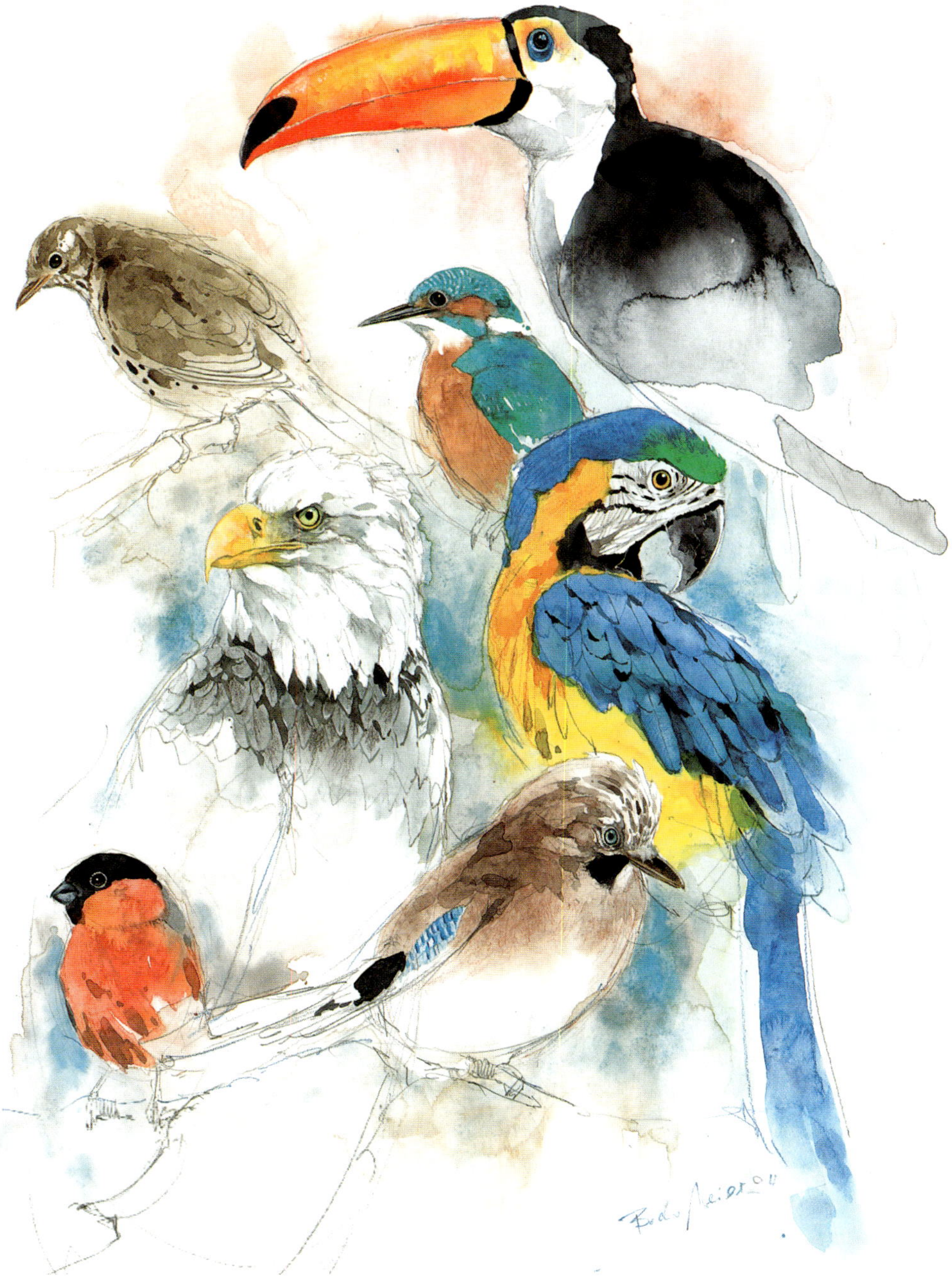

Verschiedene Vögel – verschiedene Schnäbel
Für alle Vögel ist der Schnabel Mundöffnung und Werkzeug zugleich, und seine Form richtet sich ganz nach dem Zweck, zu dem sein Besitzer ihn benutzen muß: Der hakenförmige Schnabel der Greifvögel dient bei einigen Arten (Falken) zum Töten der Beute, bei anderen zum Zerteilen der Beute (Adler und Habicht). Der meißelartige Schnabel der Spechte ist das ideale Werkzeug zum Zimmern der Spechtwohnung und zum Stochern nach Insekten und deren Larven unter der Borke der Bäume. Der gewaltige Schnabel des Tukans, eines Spechtvogels des tropischen Amerikas, hat wohl Signalfunktion und dient zum Imponieren.
Je nach Beschaffenheit des Schnabels können wir bei Singvögeln auf deren Nahrung schließen: Finkenverwandte fallen durch ihren kräftigen und manchmal sogar klobigen Schnabel auf (Kernbeißer und Dompfaff), sie ernähren sich überwiegend von hartschaligen Pflanzensamen. Anders die Meisen und Drosseln: Ihr Schnabel ist spitzer und zierlicher, ihre Nahrung besteht aus weichen Samen, Früchten und Insekten.
Bei den hier skizzenhaft angelegten Vögeln (von oben: Riesentukan, Singdrossel, Eisvogel, Gelbbrust-Ara, Weißkopfseeadler, Eichelhäher, Dompfaff) wurde nur der Kopf genauer ausgearbeitet.

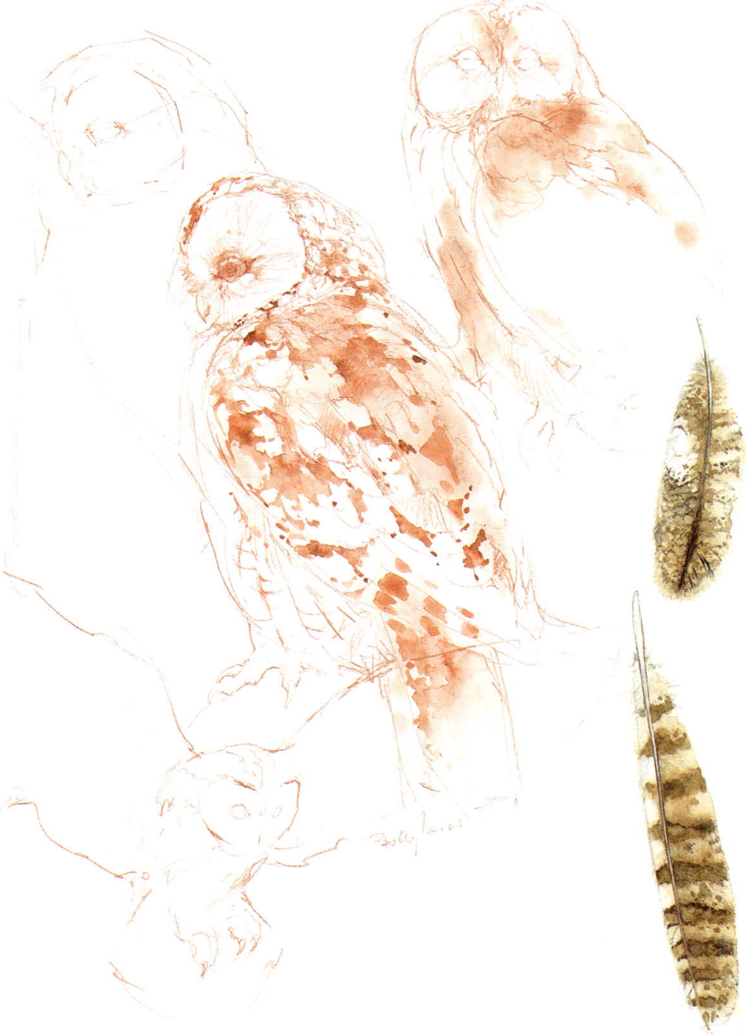

Monochrome Waldkauzskizze

Für den Anfänger ist es erfahrungsgemäß leichter, sich beim Malen zunächst auf die Verwendung nur einiger weniger Farben zu beschränken. Eine gute Übung ist auch das monochrome Arbeiten mit nur einer einzigen Farbe. Sie haben dabei die Möglichkeit, die farbliche Gestaltung etwas zurückzustellen und sich ganz auf die Form konzentrieren zu können.

Die Waldkauzskizze wurde in Rötel angelegt. Der Rötelstrich ist grober und rauher als der des Bleistifts. Zur Vorbereitung eines Bildes sollte man möglichst viele solcher Skizzen anfertigen, die die verschiedenen Aspekte und Perspektiven des Tierkörpers zeigen. Man erhält dadurch eine genauere Vorstellung von der Haltung des Tieres und der möglichen Bildaufteilung. Beginnen Sie mit einer leichten Konturzeichnung, so wie sie links oben zu sehen ist. Die Ebene der Augen wird durch eine liegende Ellipse markiert, die Symmetrieachse des Kopfes durch eine senkrecht zur Augenebene stehende Ellipse (siehe Seite 23). Je nach Standort des Betrachters und nach Haltung der Eule ändert sich diese Form der Ellipsen.

Die weitere Ausgestaltung wurde dann mit Lichtem Ocker gebrannt vorgenommen. Diese Farbe entspricht dem Farbton des Rötel. Solche Skizzen sind eine wunderbare Übung, um ein Gefühl für das richtige Mengenverhältnis von Farbe und Wasser zu erhalten. Nehmen Sie hier einen Pinsel der Größe 10 voll Wasser und verrühren mit ihm dann die Farbe im Farbnäpfchen, bis Sie eine kräftige Farblösung erhalten, die Sie dann in die Deckelvertiefung Ihres Farbkastens abstreifen. Dieser Mischung können Sie während der Arbeit immer wieder frisches Wasser zugeben. So entstehen Verdünnungen, die ein Malen von immer helleren Tönen und feinen Farbabstufungen erlauben. Anschließend können Sie dunkle Partien mit kräftigerer, konzentrierter Farbe auf dem feuchten oder getrockneten Papier markieren. Beschränken Sie sich dabei jedoch auf nur einige wenige Stellen, da sonst das Bild wieder zu dunkel wird.

Die beiden Federn zeigen die eigenwillige Musterung, die das Eulengefieder zur Tarntracht werden läßt. Oben sehen Sie eine sogenannte Rückenkonturfeder, unten eine Handschwingenfeder.

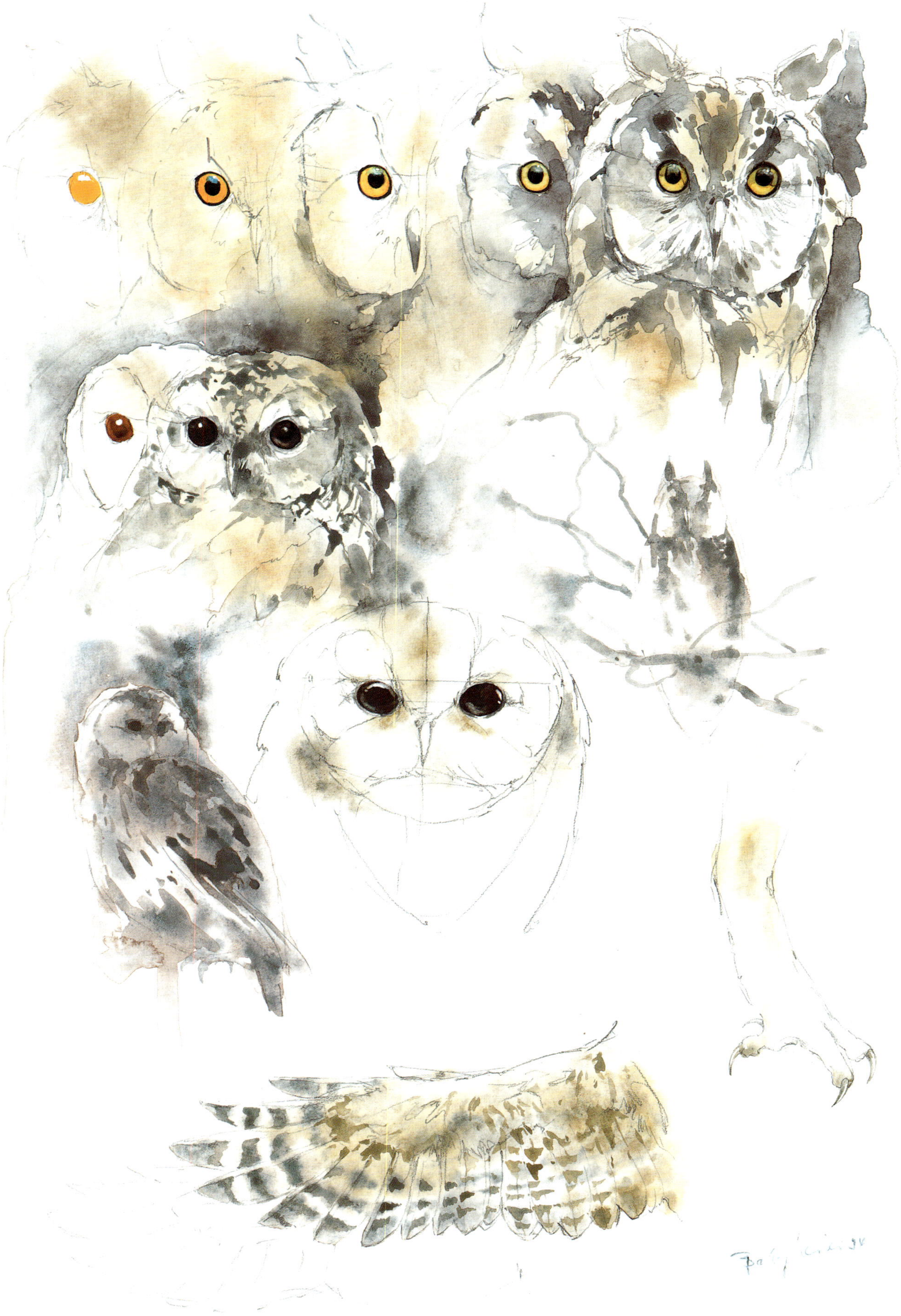

Übungsbeispiele zum Malen der Augen

Die nebenstehende Abbildung zeigt die Kopfporträts von Waldohreule (oben) und Waldkauz im Vergleich. Besonderer Wert wurde beim Malen auf die Ausarbeitung der Augen gelegt.

Oben links sehen Sie die einfache Skizze der Waldohreule. Das Auge wurde mit Indischgelb ausgemalt, wobei der in jedem Auge vorhandene Lichtpunkt (wenn dieser fehlt, wirkt das Auge tot und leer) weiß geblieben ist: Die konvexe Oberfläche des Augapfels spiegelt das eher diffuse Licht des Himmels als eine halbmond- oder mandelförmige, helle Fläche am oberen Pupillenrand wider. Ein direkter Lichtstrahl erscheint dagegen als kleiner Lichtpunkt, dessen Lage im Auge von der Stellung der Lichtquelle bestimmt wird.

Nach dem vollständigen Abtrocknen der Farbe wurde die schwarze Pupille gemalt, allerdings nicht mit Schwarz, sondern mit Indigo, ebenso wie der dunkle Rand der Iris. Dann wurde in die Lichtaussparung Bergblau gesetzt. Dabei sollte ein kleiner Punkt unbedeckt bleiben, der später im Auge die hellste Stelle der Spiegelung ergibt. Ein kleiner Tropfen Rubbelkrepp hielt diesen Punkt bei der weiteren Bearbeitung frei. Vorsichtig wurde nun das Bergblau mit einem dünnen Pinsel (Größe 2) etwas verwaschen. Dabei durfte ruhig etwas vom Indigo mit ausgewaschen werden, da dadurch die Lebendigkeit des Auges erhöht wurde. Auch die gelbe Iris wurde nun etwas aufgehellt. Da der obere Bereich der Iris im Schatten liegt, wurde hier ein Gemisch aus Indigo und Siena gebrannt in starker Verdünnung aufgetragen.

Der Waldkauz hat im Vergleich zur Waldohreule und auch zum Uhu eine dunkle Iris. Die Arbeitsschritte sind ähnlich wie im vorangegangenen Beispiel: Zunächst wurde erneut die Lichtspiegelung mit Rubbelkrepp markiert und nach dem Abtrocknen des Rubbelkrepps die Augenfläche mit Lichtem Ocker gebrannt bedeckt, welches wiederum mit Indigo übermalt wurde. Zwischen jedem Malvorgang sollte der untere Farbauftrag vollständig trocknen.

Der letzte Schritt bestand im vorsichtigen Auswaschen der Iris mit einem dünnen Pinsel. Es darf nur soviel vom Indigo weggenommen werden, bis die Untermalung als warmer Ton durchschimmert. Eventuell kann man ein wenig Farbe direkt um den Lichtpunkt herum wegtupfen. Erst nach dem Trocknen darf man den Rubbelkrepp entfernen.

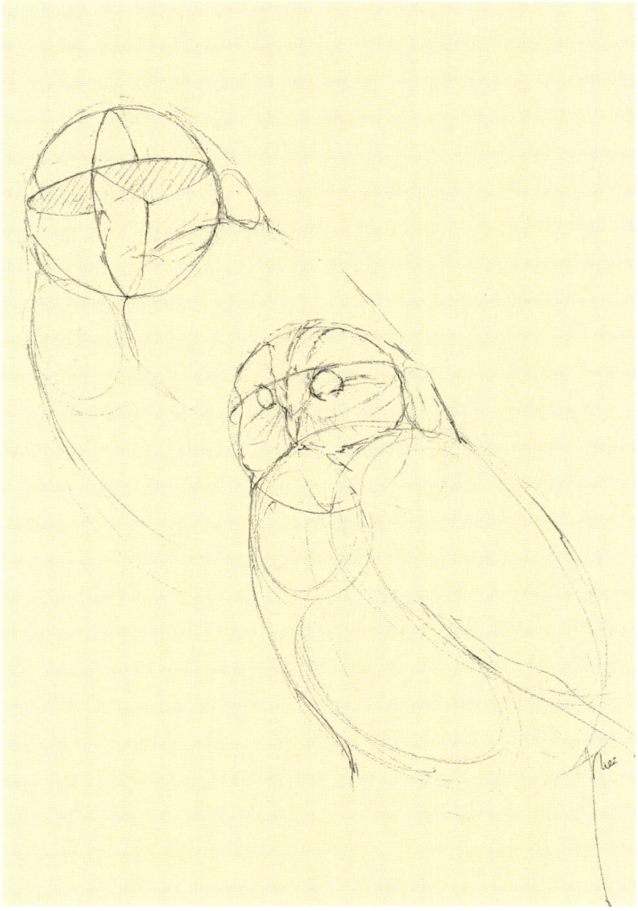

Die weitere Gestaltung der Eulenköpfe wurde aus nur zwei Farben aufgebaut (Siena gebrannt und Bergblau), die auf nassen Untergrund aufgetupft wurden. Je nach dem Mengenverhältnis der beiden Farben entstehen Abstufungen von lichtem Braun bis nachtdunklem Grau. Die abschließende Gestaltung des Gefieders wurde auf getrocknetem Untergrund ausgeführt.

Die weiteren Skizzen zeigen u. a. einen Waldkauzfuß und einen -flügel. Der Fuß wirkt so dick, da er voll befiedert ist; außerdem können Eulen die dritte Zehe ganz nach hinten drehen.

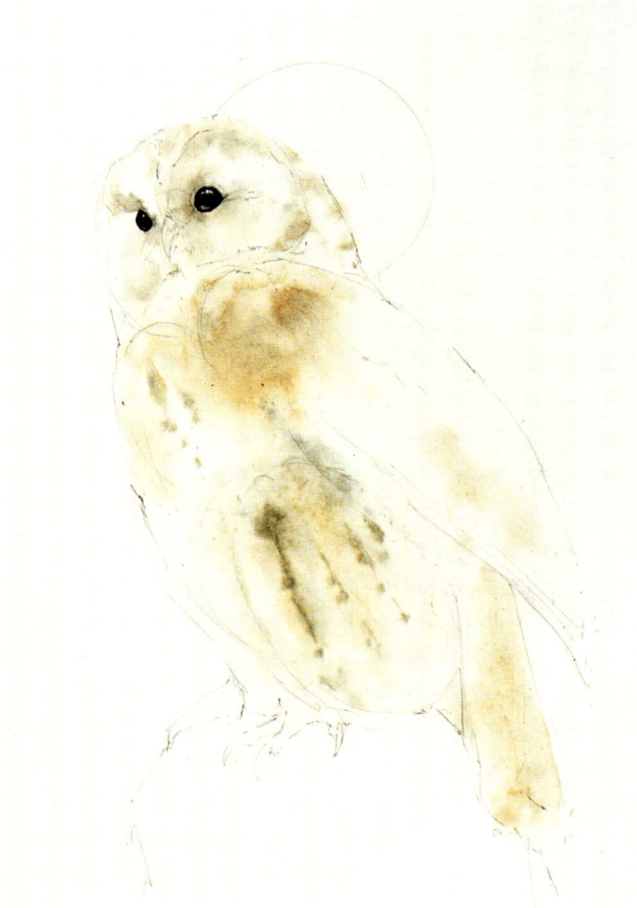

Waldkauz – ein Aquarell in fünf Schritten

Schritt 1
Die Idee zu diesem Aquarell entstand in einer hellen Winternacht: Eule und Mond schienen direkt miteinander verbunden, was auch im Bild zum Ausdruck kommt, denn die weiße Scheibe des Mondes wird halb vom Eulenkopf verdeckt. Die Bildkomposition ist einfach, und der abstrakte Hintergrund erhöht den plakativen Charakter des Bildes.
Zunächst werden einige Skizzen angefertigt, um herauszufinden, wie sich Ideen und Vorstellungen vom Motiv am besten umsetzen lassen. Der Waldkauz soll schräg von unten gemalt werden, also etwa so, wie ein Betrachter eine auf einem Baum hockende Eule sieht. Als Modell für die Skizzen und die weitere farbige Gestaltung stand übrigens ein Präparat zur Verfügung. Die am besten gelungene Skizze wird schließlich auf den Malgrund übertragen.

Schritt 2
Wie auf Seite 22 beschrieben, werden dann zunächst die Augen ausgearbeitet. Anschließend wird der gesamte Eulenkörper gleichmäßig angefeuchtet. Dabei empfiehlt es sich, im Bereich der Augen sehr vorsichtig zu verfahren, um ein Anlösen der trockenen Augenfarbe und damit ein Verschmutzen der übrigen Fläche zu vermeiden.
Auf der Palette werden Lichter Ocker und Siena gebrannt gemischt und dieser Mischung dann etwas Bergblau hinzugefügt, wodurch ein fahler Grauton entsteht, der auf die feuchte Fläche mit einem Pinsel mittlerer Größe (Gr. 3 – 6) aufgetragen wird. Wichtig ist, daß Sie Ihr Bild nicht einfach „anstreichen“. Vielmehr sollten Sie die Farbe vorsichtig auftupfen, wobei durchaus auch Bereiche ausgespart bleiben können. Die hier verwandte Naß-in-Naß-Technik betont den flauschig weichen Charakter des Gefieders. Im Zuge des allmählichen Trocknens kann man schon einen Teil der Gefiederzeichnung anlegen und besonders im Schulterbereich etwas kräftigere Farbe auftragen.

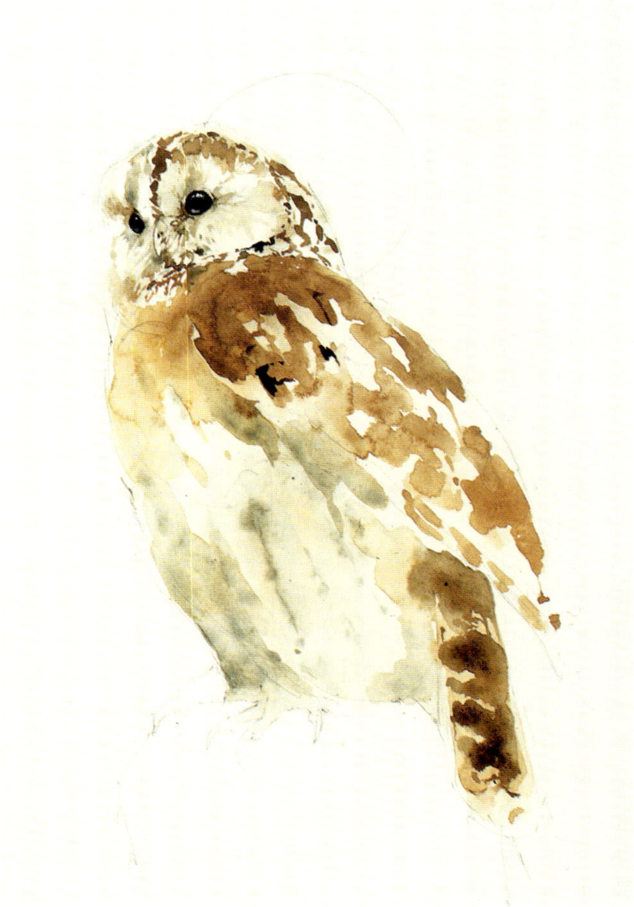

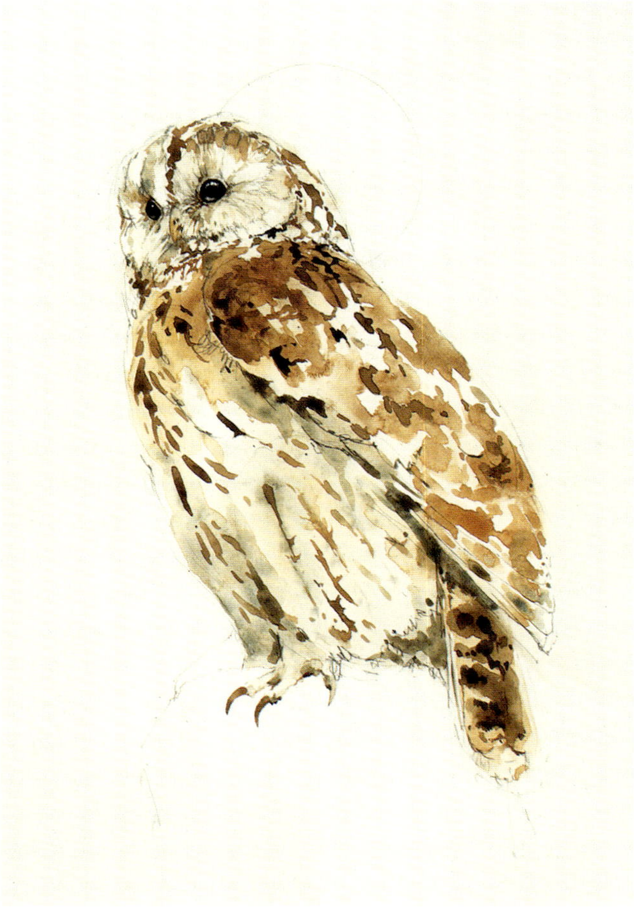

Schritt 3

Auf der Farbskala kommt nun Vandyckbraun hinzu. Je nach Mischungsverhältnis erhält man Abstufungen von Tönen zwischen Graubraun, Rotbraun oder Dunkelbraun. Das Gesicht, Wangengefieder, Flügeldecken und Schwanzfedern werden jetzt erarbeitet. Diese Bereiche kann man teilweise flächig und teilweise in offener, getupfter Malweise gestalten. Besondere Sorgfalt sollten Sie auf die Gestaltung des Gesichtes mit zarten Grau-Brauntönen für das Schnabelgefieder, kräftigem Dunkelbraun für den Gesichtsrand und Lichtem Ocker für den Schnabel verwenden.

Schritt 4

Weitere Einzelheiten wie Brustgefieder, der sichtbare Fuß und die Schattenkante entlang der Flügel werden hinzugefügt. Zusätzlich werden die Strukturen der Körperoberfläche mit einem Bleistift (HB) ergänzt und verstärkt.

Solche linearen Ergänzungen erlauben dabei nicht nur eine detailliertere Ausarbeitung wichtiger Strukturelemente wie der Oberflächenkontur und die Betonung bestimmter Formmerkmale, sondern können auch als effektvolles Stilelement eingesetzt werden.

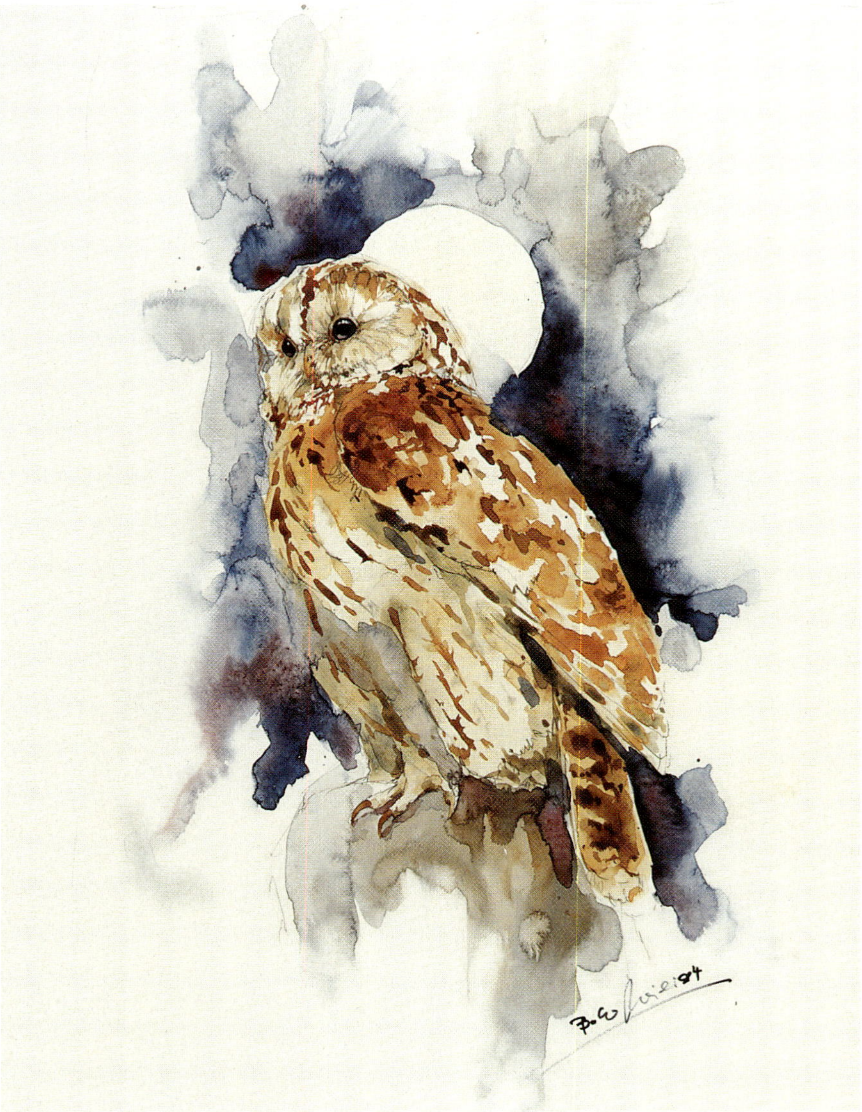

Schritt 5
Im letzten Schritt wird der Hintergrund ausgearbeitet. Indigo, mit Winsorblau und wenig Siena gebrannt gemischt, soll die Nachtstimmung vermitteln. Diese Farbmischung wiederholt sich zudem im Fels, auf dem die Eule sitzt, allerdings stärker in Richtung Grau gebrochen. Mit einem dicken Pinsel (Gr. 10) und viel Wasser wird die kräftige Farbe großzügig verteilt und auch etwas Farbe in den Eulenkörper gesetzt. Dadurch entsteht eine Einheit zwischen Vorder- und Hintergrund, und gleichzeitig wird die Schattenwirkung erhöht. Anschließend können Sie mit einem tropfnassen Schwamm Wasser in die frisch aufgetragene Farbe fließen lassen und sie dann zu den Seiten hinausziehen. Vermeiden Sie in diesem Stadium das Fönen, um die sich bildenden zufälligen Strukturen während des Trocknens nicht zu beeinflussen. In dieser Phase sollte man die Farbe in die noch feuchten Bereiche setzen, nicht aber in die schwimmend nassen Flächen: Ein paar Tupfer intensives Winsorblau und etwas Alizarinkarmesin ergeben abschließende Akzente.

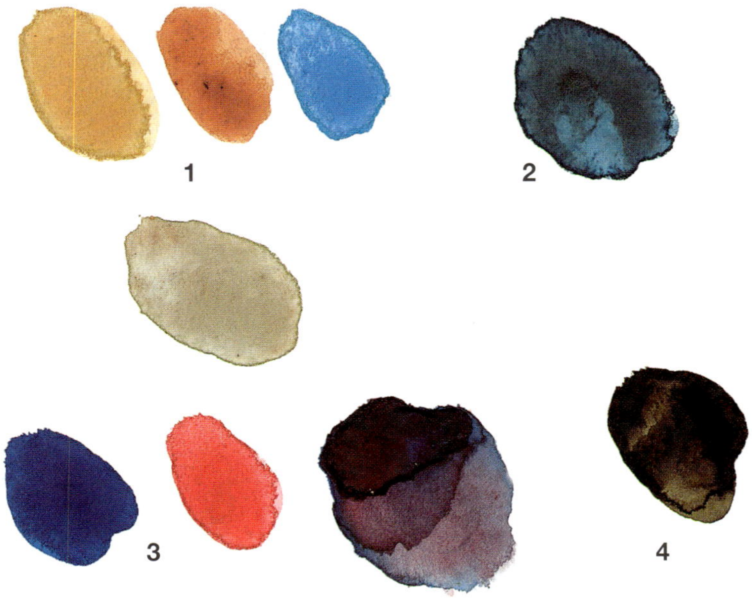

Farbskala
1 Lichter Ocker + Siena + Bergblau, **2** Indigo + Siena gebrannt + Winsorblau, **3** Winsorblau + Alizarinkarmesin, **4** Vandyckbraun

Schleiereule – Naß-in-Naß-Technik
In dem hier gezeigten Beispiel wurden der Tierkörper und der Hintergrund sozusagen „aus einem Guß" angefertigt. Da dieses Bild vom ersten Skizzieren an auf feuchtem (aber nicht zu nassem) Papier angelegt wurde, war rasches Arbeiten wichtig. In dieser Technik zerfließen die zuerst eingetragenen Linien und müssen während des zunehmenden Trocknungsprozesses immer wieder nachgestaltet werden. Da ein nachträgliches Wiederanfeuchten des Papiers leicht einen Bruch im Bild bewirkt, empfiehlt sich meist eine Mischtechnik, wobei die reine Naß-in-Naß-Technik mit der trockenen Malweise kombiniert wird. In diesem Bild wurden die weißen Sprenkel auf dem Deckgefieder mit einem weißen Wachsmalstift markiert. Das mit Wachs bedeckte Papier nimmt an diesen Stellen keine Farbe an. Bei den Augen wurde nicht vergessen, den Lichtpunkt mit Rubbelkrepp zu fixieren.

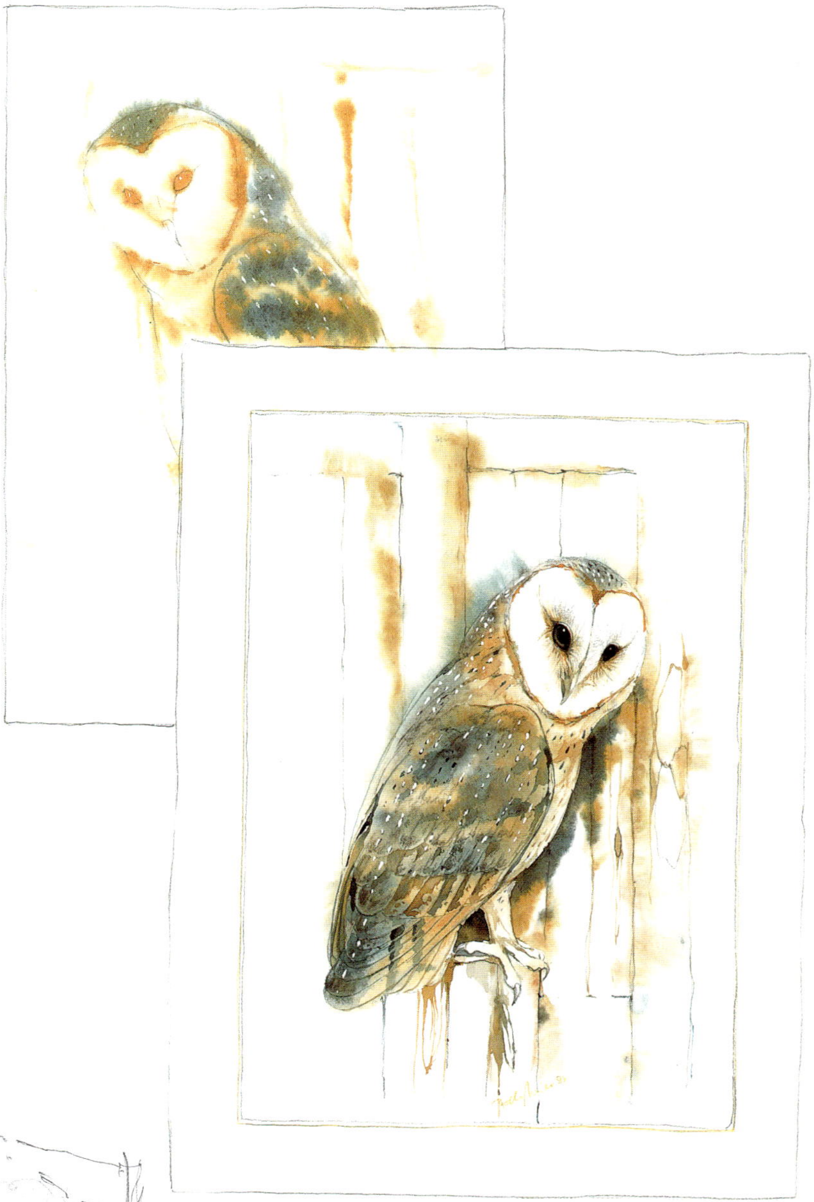

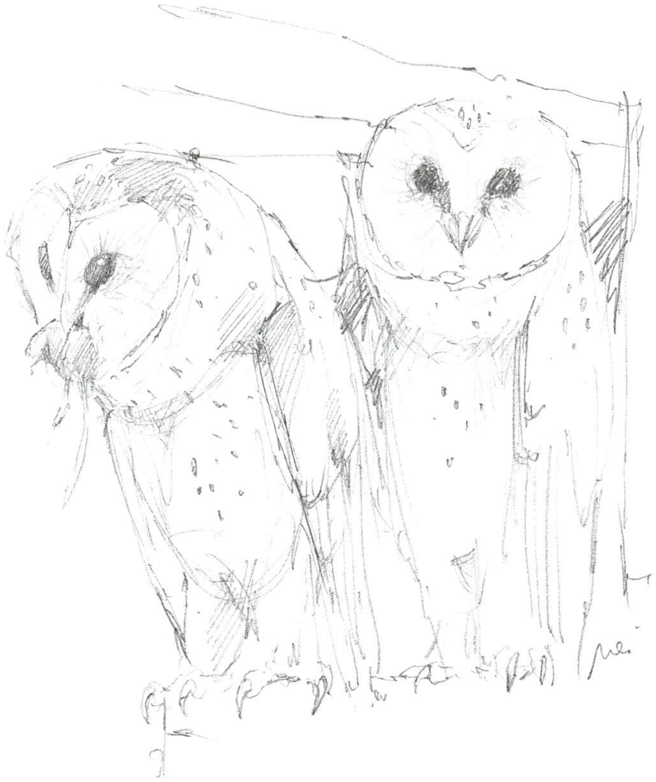

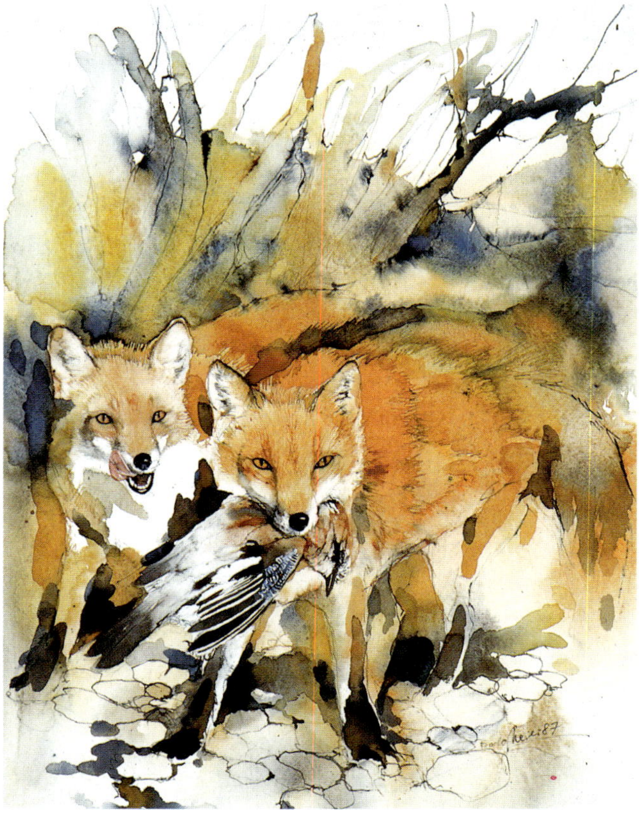

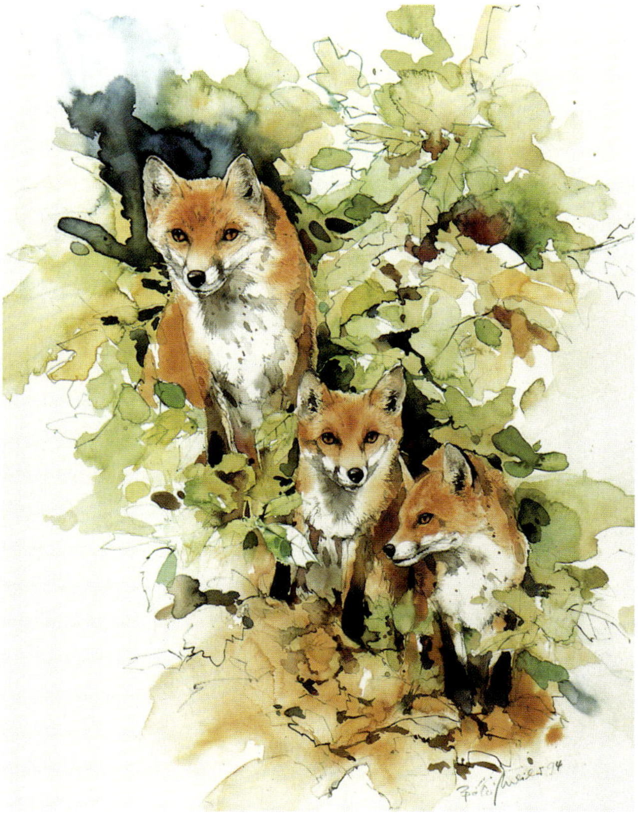

Reineke & Co.
Ich persönlich habe ihn schon immer gern gemalt, ja unter den heimischen Tieren ist er mein liebstes Motiv, Reineke Fuchs, der Schlauberger, der Heimlichtuer. Glücklicherweise bekomme ich ihn hin und wieder zu sehen; manchmal, in kalten Winternächten, kommt er an mein Haus, um nach ausgelegtem Futter zu suchen; oder ich finde seine Spur und Losung im Wald oder sehe ihn mit hocherhobener Lunte eilig über das verschneite Feld seinem Bau zustreben. Aber scheu ist er und mißtrauisch, läßt sich nur kurz sehen und meist nur von weitem. Jede auch noch so kleine Andeutung, daß ein Mensch in der Nähe ist, und schon ist er verschwunden. Den Rotrock zu malen, ist also gar nicht so einfach; viel Geduld gehört dazu, Erfahrung mit seiner zurückgezogenen Lebensweise und Glück. Im Zoo ist er selten zu finden. Deshalb kann man froh sein, wenn man mit viel Ruhe und ein wenig Zeitaufwand Gelegenheit hat, Skizzen und Fotos in der freien Natur zu machen, die man zu Hause dann in Aquarelle umsetzen kann.

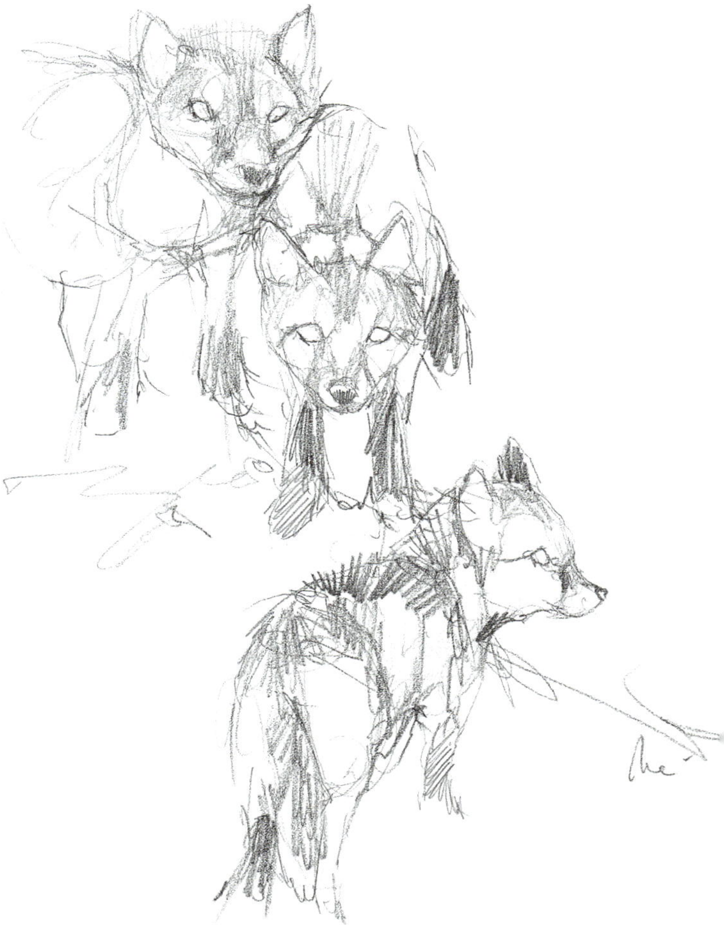

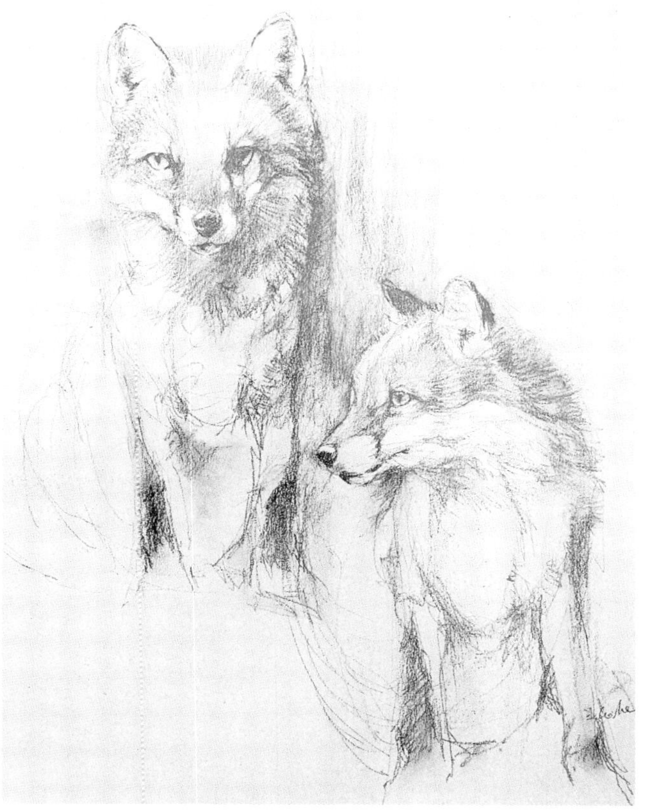

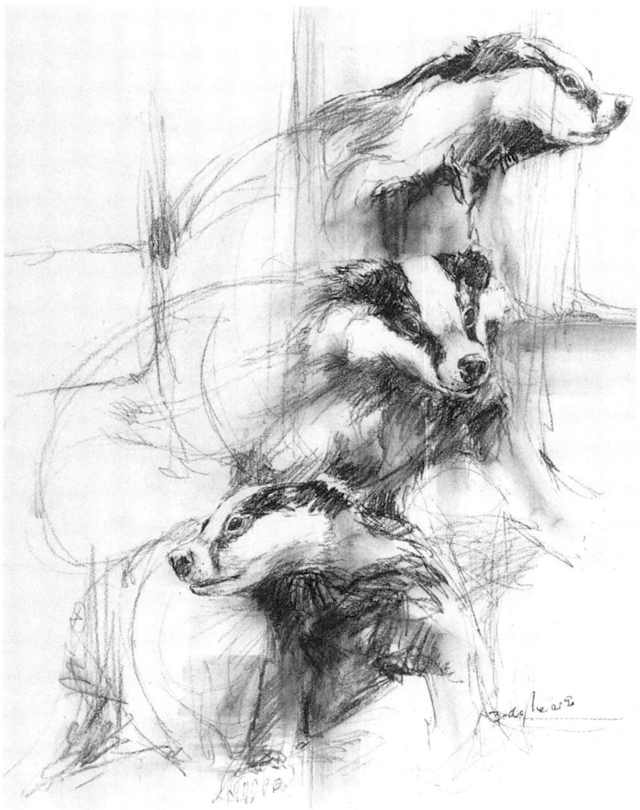

Zwei Füchse / Dachsstudie
Zeichnungen dienen meist als Vorbereitung und Vorarbeit zu einem farbig ausgestalteten Ölbild oder Aquarell. Sie können aber auch eine eigenständige Arbeit sein. Die beiden sorgfältig ausgearbeiteten Studien wurden mit einem Sepiastift gezeichnet. Sowohl Sepia als auch Rötel und Kohle sind interessante Alternativen zum Bleistift. Als Vorlage diente ein Präparat.

„Nobel, der König, versammelt den Hof, und seine Vasallen eilen gerufen herbei mit großem Gepränge; da kommen viele stolze Gesellen von allen Seiten und Enden, Lütke, der Kranich, und Markart, der Häher, und alle die Besten; denn der König gedenkt mit allen seinen Baronen Hof zu halten in Feier und Pracht; er läßt sie berufen alle miteinander, so gut die Großen als die Kleinen. Niemand sollte fehlen! Und dennoch fehlte der eine, Reineke Fuchs, der Schelm, der viel begangenen Frevels halben des Hofes sich enthielt. So scheuet das böse Gewissen Licht und Tag, es scheuet der Fuchs die versammelten Herren. Alle hatten zu klagen, er hatte sie alle beleidigt. Und nur Grimbart, den Dachs, den Sohn des Bruders, verschont er."

Nun, so nah verwandt wie in Goethes Tierepos „Reineke Fuchs" sind Fuchs und Dachs nicht. Gehört der Fuchs zu den Hunden, so bildet der Dachs mit seinen Verwandten, Stein- und Baummarder, Iltis, Otter, Zobel und Nerz, die Familie der Marder. Ist der Fuchs ein eifriger und geschickter Jäger, dessen Beutespektrum von Mäusen bis zu Jungtieren der größeren Waldbewohner reicht, ja selbst Fallwild nicht verschmäht, so ist der Dachs weniger auf Beutezüge aus. Mit den großen Krallen an seinen Branten gräbt er nach versteckten Leckereien wie Wurzeln, Insekten, Schnecken und Würmern. Aber beide verbindet die nächtliche und heimliche Lebensweise; den Tag verbringen sie in dem tief unter der Erde angelegten und mit zahlreichen Ausgängen versehenen Bau.

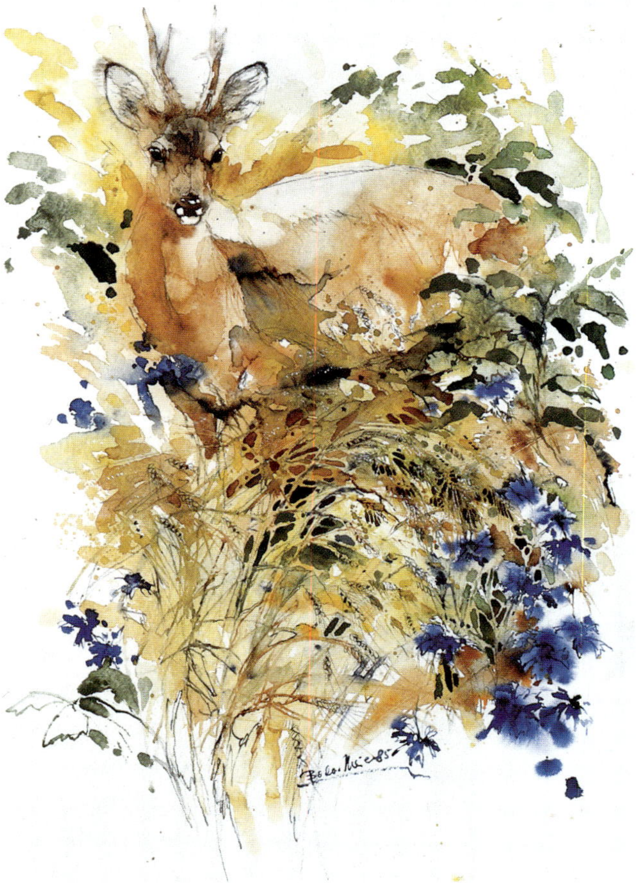

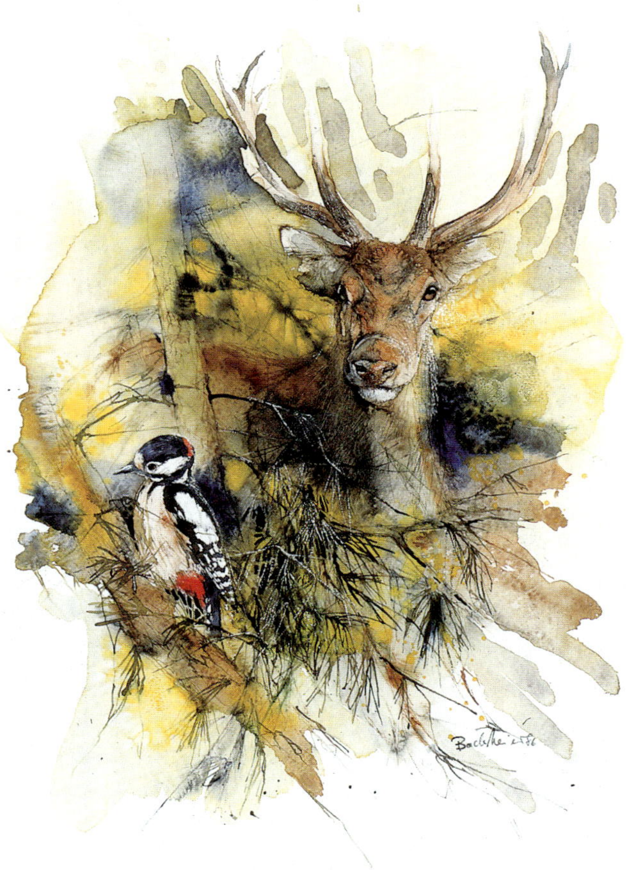

Reh, Hirsch und Wildschwein
Obwohl sie häufig bis in die unmittelbare Nähe menschlicher Siedlungen kommen, sind Wildtiere doch nicht leicht zu beobachten und zu malen. Die Skizzen zu diesen Aquarellen entstanden in Naturparks, die, ähnlich wie Zoologische Gärten, dem Besucher den unmittelbaren Kontakt mit den Tieren gestatten. Skizzen und Fotos sind dann Grundlage für die Ausarbeitung der Bilder im Studio. Die Wahl des Bildhintergrundes hängt ganz von der jahreszeitlichen Stimmung ab, die das Bild wiedergeben soll. Genaue Beobachtung und einige biologische Kenntnisse sind jedoch erforderlich: Zum Beispiel ein Reh in der rotbraunen Sommerdecke im Winter darzustellen, ist ein vermeidbarer Fehler.

Winterlandschaft mit Wildschweinen (S. 31 oben)
Winterstimmung: Der Himmel wurde im unteren Bereich mit Kadmiumorange und Kadmiumgelb dunkel und im oberen Bereich mit Bergblau angelegt. Die Bäume wurden in die gerade noch nasse Fläche gemalt. Die eingesetzten Farben (eine Mischung aus Bergblau und Siena gebrannt) sollten nur ganz wenig verlaufen.
Bei den schneebedeckten Zweigen ist der nur leicht getönte Untergrund stehengeblieben. Die dunklen Bereiche zwischen den Ästen wurden von Hell nach Dunkel herausgearbeitet. Die Rotte Sauen wurde ganz zum Schluß mit Indigo und Siena gebrannt gemalt.

Flüchtige Sauen im Schnee (S. 31 unten)
Auch hier wurde, wie schon im Waldkauzaquarell, beim Farbauftrag mit sehr viel Wasser gearbeitet und die Farben zu den Rändern hin mit einem Schwamm ausgezogen.
Mit einem spitzen Pinselstiel wurde die noch feuchte Farbe zum Teil wieder herausgekratzt. Dadurch hat die Schwarte ihre borstige, grobe Struktur erhalten. Das schneeverkrustete Gebrech (Schnauze) wurde zunächst mit Rubbelkrepp abgedeckt. Nach dem vollständigen Abtrocknen der Farbe und dem Entfernen des Maskiergummis wurde dann mit einem scharfen Graphikermesser in die Oberfläche gekratzt, um die Struktur von aufstiebendem Schnee wiederzugeben.

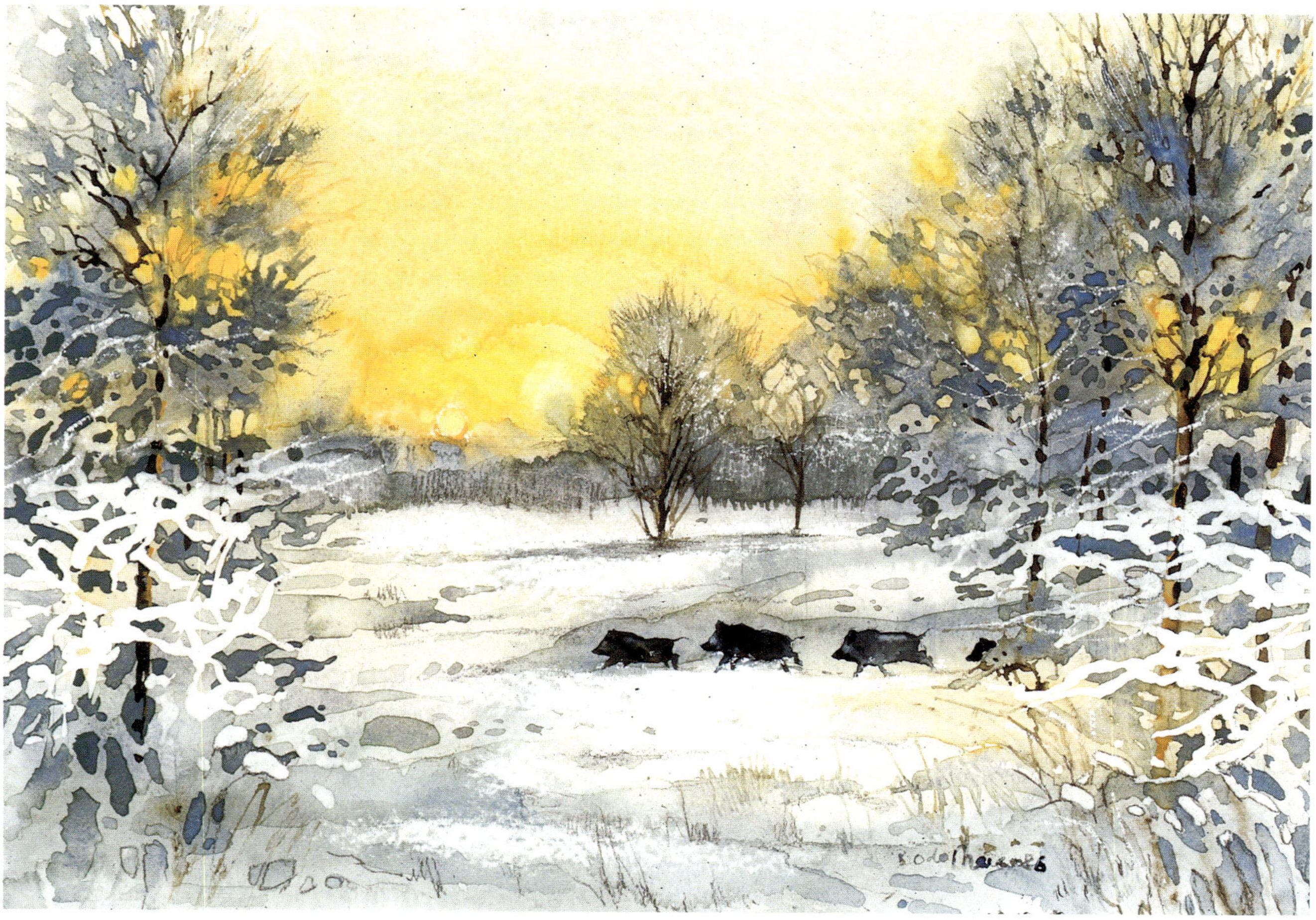

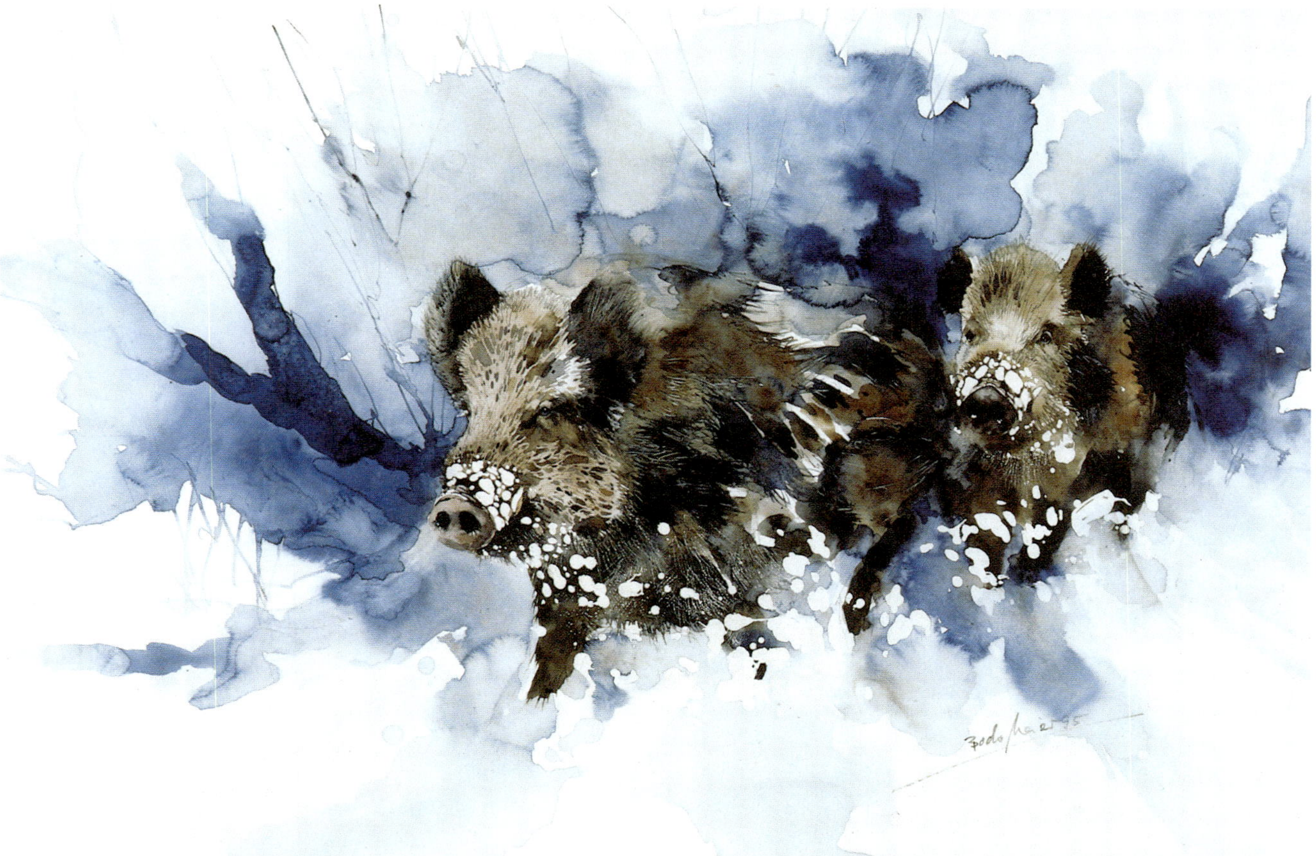

Von der Skizze zum fertigen Bild

Bevor wir ein Bild beginnen, sollte zunächst eine genaue Vorstellung von diesem Bild in unserem Kopf entstehen. Dabei hilft uns - wie schon mehrfach erwähnt - vor allem das genaue Beobachten. Ein besonderes Erlebnis kann dabei zum Auslöser für eine Darstellung werden. Tierbeobachtung, besonders von scheuen Wildtieren wie dem Fuchs, ist schwierig und zeitaufwendig, aber sehr lohnend. Doch auch moderne Medien, etwa ein Videofilm über Füchse, können uns das Wildtier nahebringen.
Versuchen Sie trotzdem immer, Skizzen im Freien, nach lebendigem Vorbild, anzufertigen. Sie werden so mit dem Tier vertraut, lernen, wie es sich bewegt, und erkennen seine Verhaltensmuster.

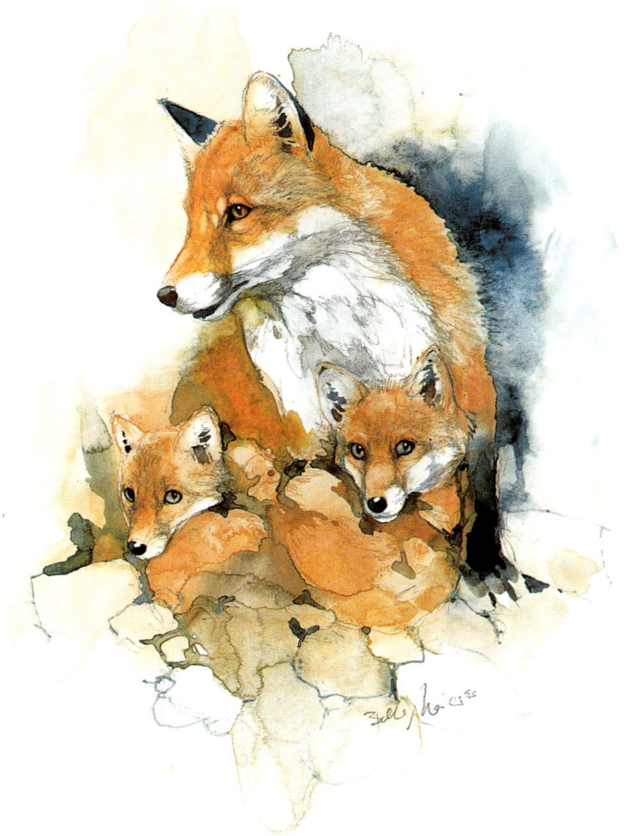

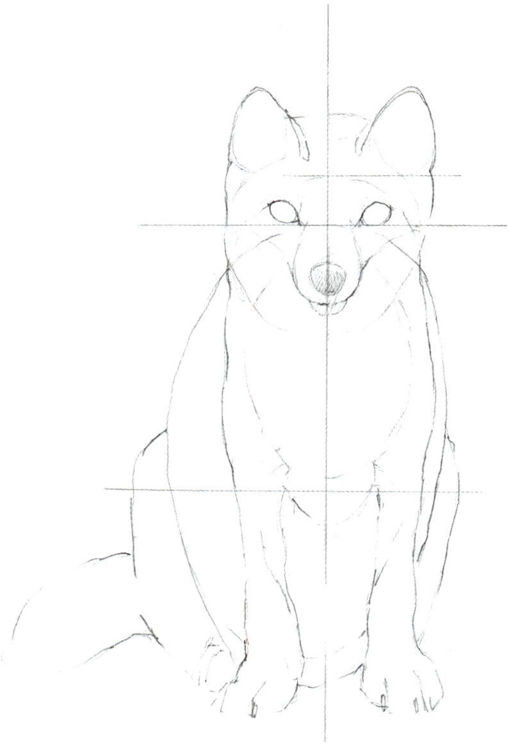

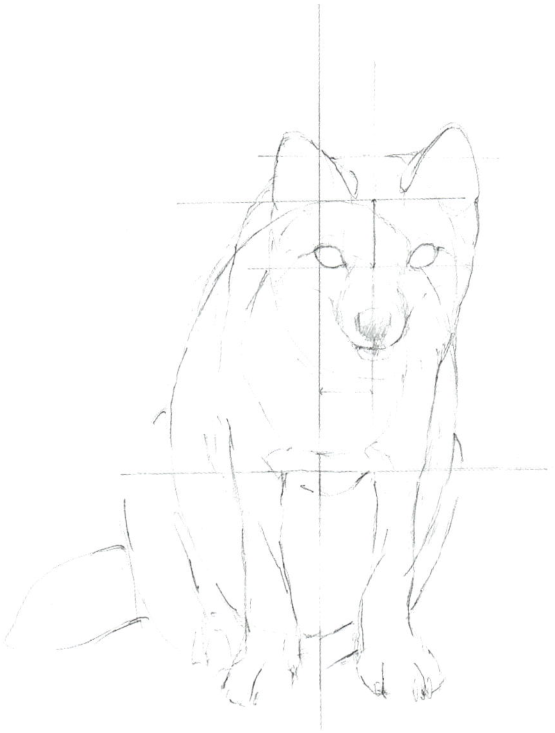

Aspekte der Körperhaltung

Die beiden Zeichnungen sind ein Beispiel dafür, wie sich der Verhaltensausdruck eines Fuchses durch eine geringfügige Bewegungsänderung völlig verwandelt. In dieser Zeichnung ist der Fuchs unbeteiligter Beobachter.

Hier hat sich die zurückhaltende Beobachtung in eine verstärkte Spannung verwandelt. Der Fuchs nimmt jetzt aktiv am Geschehen teil. Dabei hat sich sein Kopf nur ein wenig gesenkt und aus der Körperachse herausgeschoben.

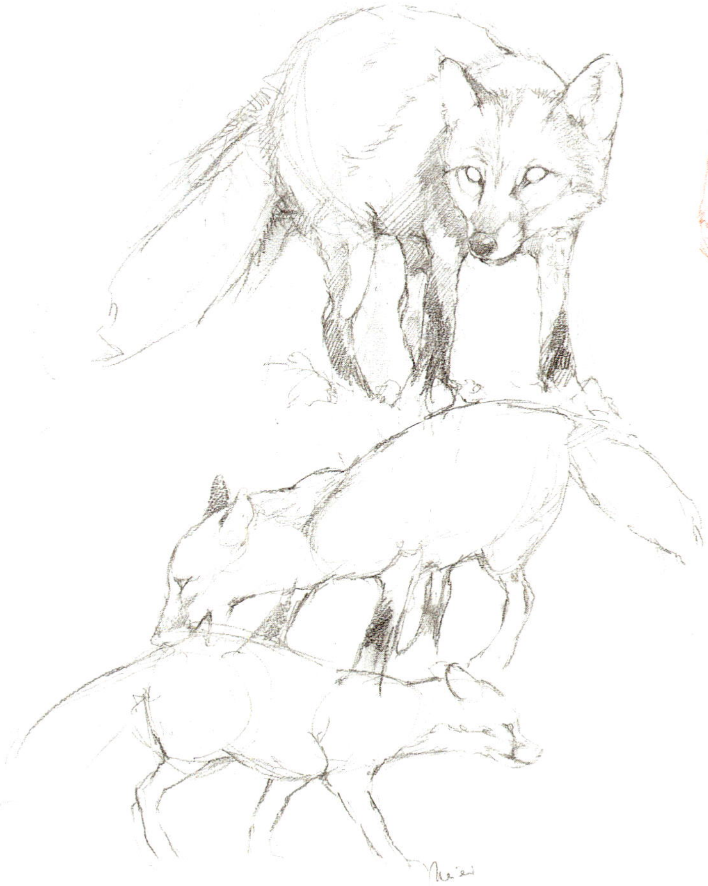

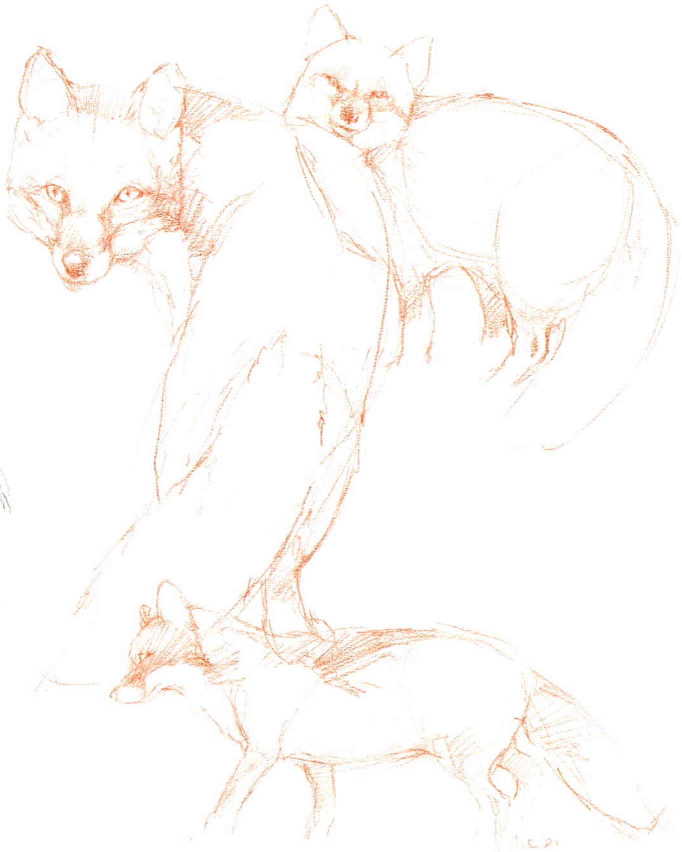

Während des Skizzierens entstehen Ideen für die Gestaltung des späteren Bildes: Es sollen zwei spielende oder zwei streitende Füchse dargestellt werden. Ein ähnliches Bild hatte ich schon einmal angefertigt (siehe Seite 28). Damals ging es mir darum, die Proportionen der verschiedenen Tiere zueinander zu erfassen. In den folgenden Skizzen sollen jetzt die Bewegungen der Tiere genau beobachtet werden. Dabei werden zunächst mögliche Bewegungsphasen, verschiedene Ansichten des Körpers, Beinstellungen, Körper- und Kopfhaltungen durchgespielt.

Arbeiten Sie beim Skizzieren mit fließenden und kreisenden Linien. Diese Art der Linienführung hilft Ihnen, die Körperformen zu erfassen. Das lockere Zeichnen verlangt zwar ein wenig Übung, doch lassen Sie den Stift einfach ganz leicht über das Papier gleiten, wobei auch überflüssige Linien entstehen dürfen. Dieses Linienbündel führt zur Idealform, deren Linien dann verstärkt werden. Die schnelle, skizzenhafte Ausarbeitung ist für die Darstellung von Bewegung und Bewegungsabläufen eigentlich unerläßlich. Darüber hinaus entspricht sie der Ausdrucksform des Aquarells.

Berücksichtigen Sie folgende Gestaltungsprinzipien:

1. Proportionen (Wie stellen sich die einzelnen Teile des Körpers zum Ganzen dar?)
2. Anatomie (Welcher Bauplan liegt dem Körper zugrunde und welche Bewegungsmöglichkeiten ergeben sich aus diesem Bauplan?)
3. Verhalten (Wie wahrscheinlich ist ein bestimmtes Bewegungsmuster oder eine Haltung?)

Weitere Gestaltungsprinzipien sind: Gestaltung der Körperoberfläche, die Einbindung in die Umgebung oder den Hintergrund sowie Farbgebung und -wirkung.

Oben sehen Sie einige vorbereitende Skizzen. Der Fuchs oben links zum Beispiel ist schräg von vorne gezeichnet, dabei steht sein rechter Vorderlauf optisch fast in einer Linie mit dem linken Hinterlauf. Beide Vorderläufe sind leicht gespreizt, die Belastung liegt leicht auf dem rechten Bein, die Pfoten sind nach außen gerichtet. Die Hinterläufe sind unter den walzenförmigen Körper geschoben, die Lunte (Schwanz) bildet ein Gegengewicht, um den Körper in der Balance zu halten. Der Kopf weist zur rechten Seite, er scheint einen Gegenstand schräg vor ihm genau zu fixieren. Es entsteht der Eindruck eines Bewegungsabbruchs vor dem Beginn einer neuen Bewegungsrichtung.

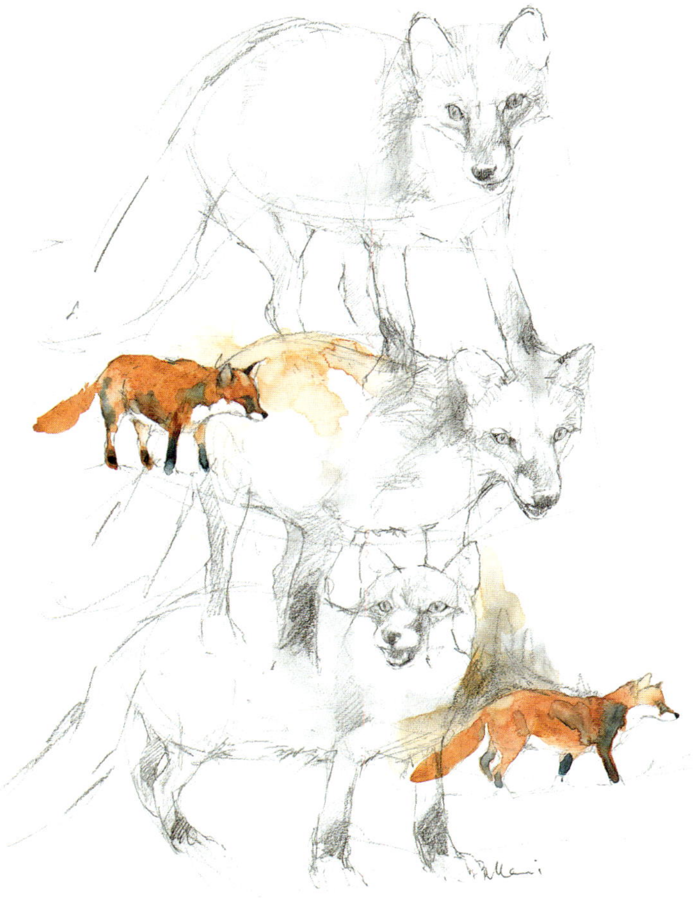

Skizzen besitzen vielfache Funktionen

In Skizzen kann die Idee für ein Bild ausgearbeitet oder zunächst auch nur festgehalten werden, wenn sie noch nicht sofort umgesetzt werden kann oder soll. Mit Hilfe von Skizzen können Sie aber auch Ihre anatomischen Kenntnisse weiter vertiefen, indem Sie mit verschiedenen Ansichten der Tiere spielen und mit den unterschiedlichsten Formmerkmalen experimentieren. Denn nur mit genauer Kenntnis des Körperbaus ist es uns möglich, ein Motiv körperhaft, also dreidimensional, auf der zweidimensionalen Fläche des Malgrundes darzustellen. In den drei Fuchsskizzen habe ich Bein- und Kopfstellungen sowie die Gewichtsverlagerungen variiert, um mir über die verschiedenen Aspekte klarzuwerden, die ein und derselbe Blickwinkel bieten kann.

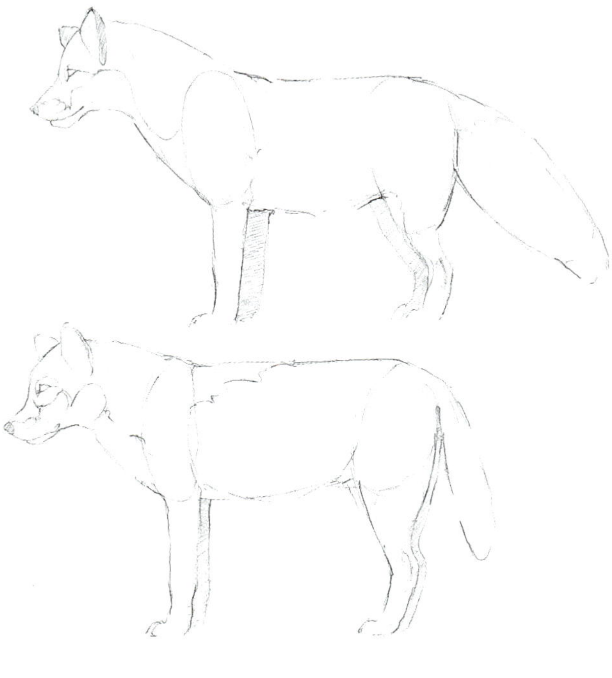

Wolf und Fuchs im Vergleich

Wie schon gesagt, ist die Wahrung der Proportion von großer Bedeutung: In welchem Verhältnis stehen Kopf, Rumpf und Schwanz zueinander, in welchem die Beinlänge zur Gesamthöhe? Wenn der Fuchs nicht wie ein Wolf, der ja auch ein hundeartiges Raubtier ist, aussehen soll, dann sind solche Überlegungen unerläßlich. In der nebenstehenden Zeichnung wurde ein Wolf einem Fuchs gegenübergestellt. Obwohl der Wolf natürlich viel größer ist, bin ich, um einen Vergleich zu ermöglichen, von gleicher Größe ausgegangen. Man sieht deutlich, daß das Kopf-Rumpf-Schwanz-Verhältnis beim Wolf völlig anders ist als beim Fuchs. Der Wolf ist ein Laufjäger, der seine Beute, einen Elch oder ein Ren, über lange Strecken verfolgen kann und im Rudel überwältigt; der Fuchs ist ein Pirschjäger und Einzelgänger, der seine Beute aus dem Hinterhalt überrascht. Demzufolge hat der Wolf lange, kräftige Laufbeine und einen im Verhältnis zum Kopf größeren, kastenförmigen Rumpf, Ausdruck seiner guten Laufeigenschaften. Der Fuchs wirkt geschmeidiger, beinahe katzenartig.

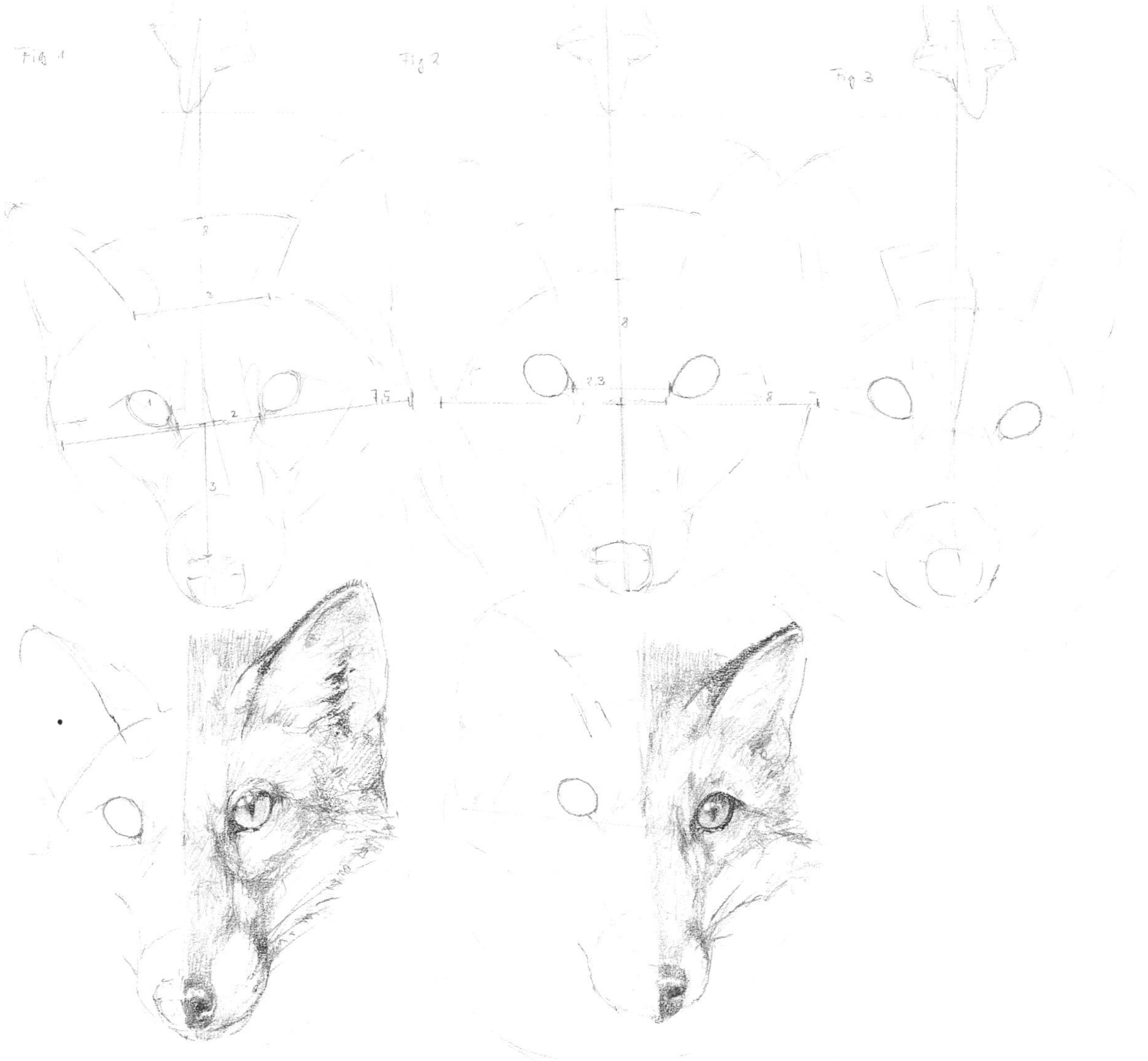

Kopf und Gesicht

Entscheidend für die Wirkung eines Tierbildes ist meist das Gesicht. Das gilt besonders für Tiere, die uns ansprechen oder unsere Gefühle anrühren, sei es, daß sie unsere Sympathie erwecken, sei es, daß sie uns faszinieren. Sicher liegt es auch daran, daß es sich wie bei den katzen- oder hundeartigen Raubtieren (Greifsäugern) um Tiere handelt, die über eine ausgesprochen ausgeprägte Mimik verfügen und mit denen wir in direkten Blickkontakt treten können. Daher sollten Sie auf die Gestaltung des Gesichtes und der Augen besonders viel Sorgfalt verwenden.

Die folgenden Übungen am Gesicht des Fuchses stehen stellvertretend auch für andere Tiere, bei denen wir ein gleiches oder doch ähnliches Prinzip erwarten dürfen. Es geht zunächst um den formalen Aufbau des Gesichtes; anschließend entwickeln wir die Skizze zum farbig gestalteten Bild mit dem Schwerpunkt „Gestaltung der Augen".

Die Zeichnungen zeigen in der mittleren Reihe drei Frontalaspekte eines Fuchsgesichtes. Die beiden Zeichnungen links und rechts zeigen eine jeweils um wenige Grade von der Körperachse (siehe Figuren in der oberen Reihe) abweichende Kopfdrehung. Die beiden Gesichter in der unteren Reihe zeigen diesen leicht nach links oder nach rechts gewendeten Blick, wobei nur jeweils eine Gesichtshälfte ausgearbeitet wurde.

Zur Wahrung der Proportionen müssen die Abstände zwischen den einzelnen Teilen des Gesichts beachtet werden. So beträgt in der oberen mittleren Zeichnung zum Beispiel der Abstand vom Scheitel bis zur Schnauzenspitze 8 cm und 8 cm von der linken zur rechten Wange. Hebt oder senkt der Fuchs den Kopf, verkürzen sich diese Maße bei gleichem Betrachterstandpunkt. Fertigen Sie daher kleine Übungszeichnungen an, in denen Sie verschiedene Haltungen durchspielen. Als Vorlage können Sie Fotos oder diese Zeichenbeispiele verwenden. Sollten Sie einen Hund haben, können Sie natürlich leicht am lebenden Objekt studieren. Solche Vorübungen sind gerade für den Anfänger unerläßlich, da sie ihm helfen, sich über Grundregeln der Anatomie und der Perspektive klarzuwerden.

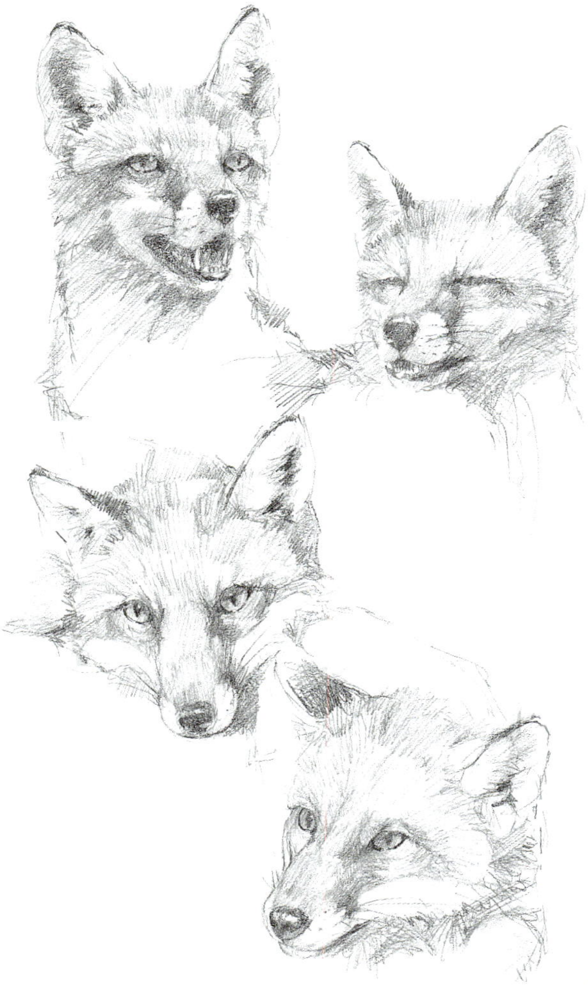

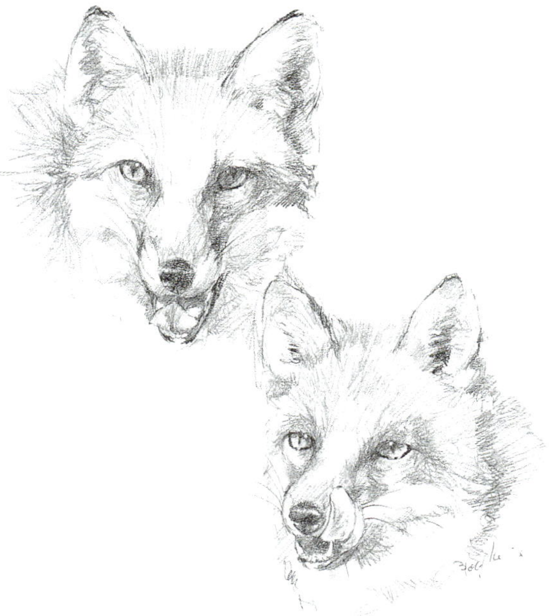

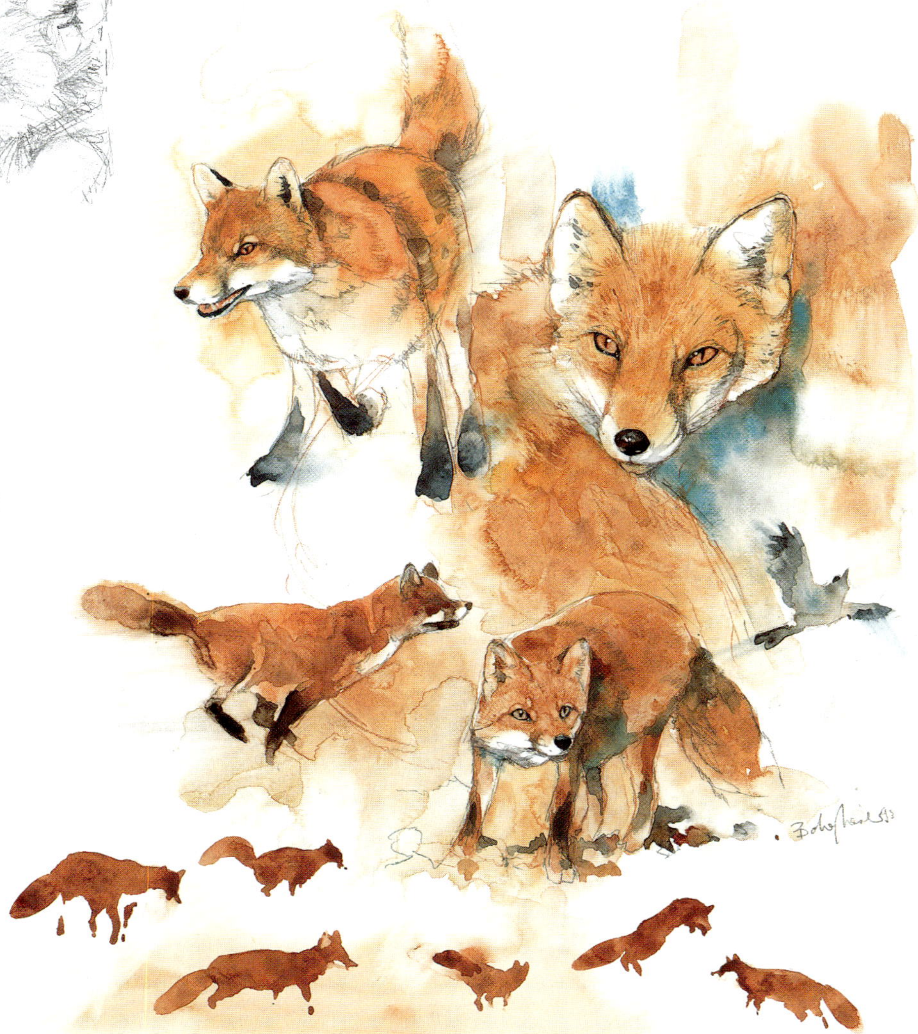

Nun ist das Gesicht der meisten höheren Säugetiere keine starre Maske. Besonders das Gesicht der hunde- und katzenartigen Raubtiere ist sehr ausdrucksstark und spiegelt seine Stimmungen wider. Neben der richtigen Darstellung der Proportionen, also dem Verhältnis der Maße zueinander und der Fellfärbung, muß auch das Moment der Mimik beachtet werden.
Bei der Gestaltung eines Gesichts sollten Sie daher drei Aspekte berücksichtigen:

1. Den durch die Physiognomie und die Mimik hervorgerufenen Ausdruck
2. Wirkung von Licht und Schatten auf den Gesichtsausdruck
3. Verschiebung der Maße durch Bewegungen des Kopfes und/oder Veränderung des Betrachterstandpunktes.

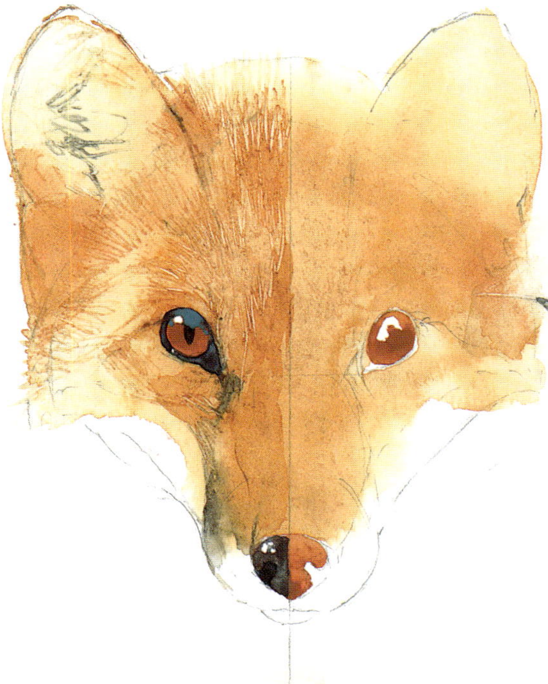

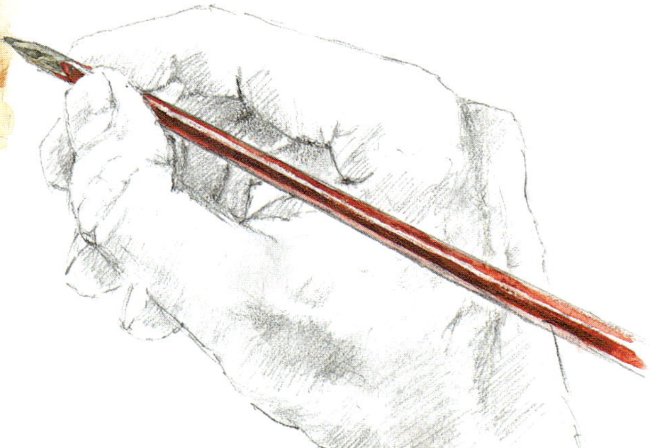

Das Gesicht in Farbe

Ausgehend von einer knappen Bleistiftskizze, wird bei der farbigen Gestaltung des Gesichtes zunächst mit den Augen begonnen. Die Augenfläche wird mit einer Mischung aus Lichtem Ocker gebrannt und etwas Indischgelb bedeckt. Die „Lichter“ werden ausgespart oder mit Rubbelkrepp maskiert. Irisrand und Pupille werden mit Indigo oder Paynesgrau gemalt. Ähnlich verfährt man mit der Nase. Über eine Grundlage aus Lichtem Ocker gebrannt wird eine Übermalung aus Indigo gesetzt. Wenn Sie nach dem Trocknen vorsichtig bestimmte Partien mit dem Pinsel wegnehmen, schimmert die Untermalung warm durch die dunkle Farbe hindurch; der Eindruck einer feucht glänzenden Nase wird noch erhöht, wenn Sie einige Stellen vom Weiß des Papiers stehen lassen. Später können diese Lichtreflexe durch Auskratzen mit dem Messer noch verfeinert werden. Jetzt wird das übrige Gesicht gleichmäßig mit reinem Wasser angefeuchtet (Nase und Augen bleiben trocken!). Dann wird die Farbmischung aus Lichtem Ocker gebrannt und Indischgelb vorsichtig auf die feuchten Flächen aufgetragen, die Wangen- und Schnauzenpartien bleiben Weiß. Es schadet allerdings nichts, wenn ein wenig Farbe in diese Bereiche hineinläuft. Notfalls können Sie sie mit einem sauberen, weichen Lappen wegtupfen. Im halbtrockenen Zustand werden dann die Haarstrukturen mit einem gut gespitzten Pinselstiel eingezeichnet bzw. eingekratzt. Seine Plastizität erhält das Gesicht durch Anlegen der Schattenzonen: Mit Graublau (Siena gebrannt und Bergblau gemischt) werden die Schattierungen und die dunklen Bereiche um die Augen, die Schnauze und die Ohren gemalt. Zum Schluß werden dunkle Flecken in die Ohrmuscheln gesetzt, wo die hellen Haare den Blick in den dunklen Gehörgang freigeben.

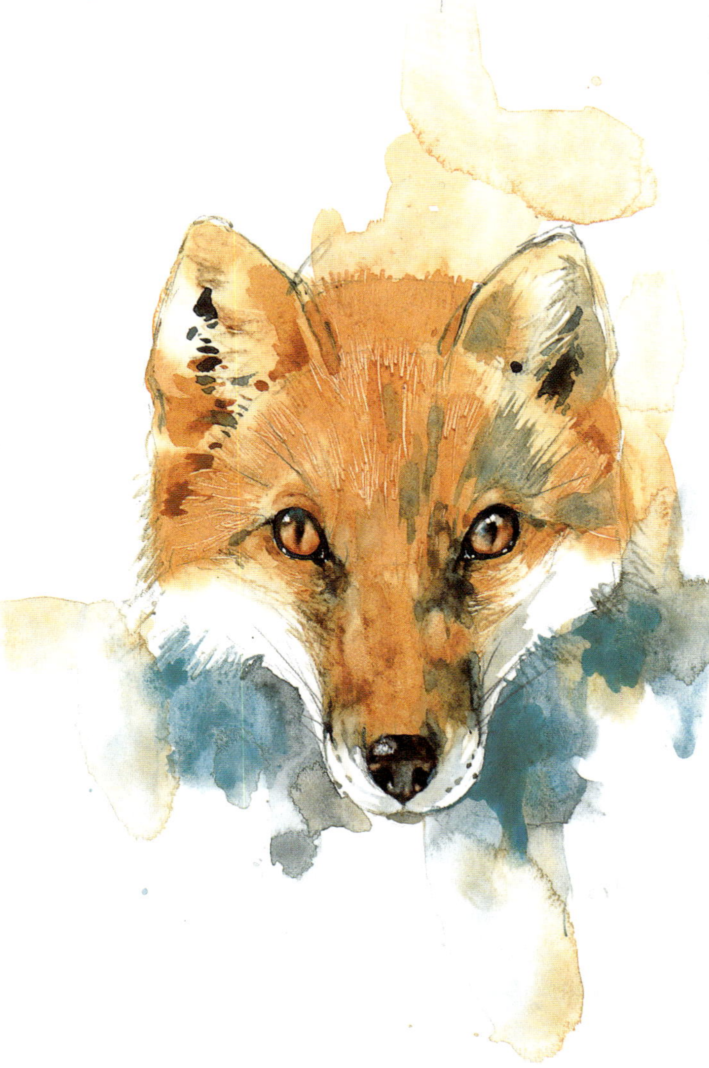

Zwei Füchse – ein Aquarell in drei Schritten

Bei dieser Übung kommt es darauf an, die Bewegungen der Tiere einzufangen. Eine bewegte Szene kann man zwar nie in allen Einzelheiten erfassen, denn unsere Aufmerksamkeit konzentriert sich im ersten Moment immer auf das Zentrum des Geschehens, und dieser Mittelpunkt ist meist das Gesicht, wobei wir Kontakt zu den Augen aufnehmen. Dennoch entgeht auch das Geschehen außerhalb des Bildzentrums unserer Aufmerksamkeit nicht. Auch wenn wir nicht alle Einzelheiten bewußt wahrnehmen, ergänzt unser Gehirn das Bild zu einem stimmigen Ganzen.
Analog zum Erfassen des Realen wird auch das künstliche Bild von seinem Zentrum her gestaltet. Das Muster aus farbigen Flecken, die aufsteigenden und fallenden Linien, die ineinanderfließenden Farben verleihen dem Bild spannungsgeladene Dynamik, die die statische Form des Dargestellten aufhebt und das Bild bewegt und lebendig erscheinen läßt. Gerade das Aquarell ist für die Darstellung solcher Effekte besonders gut geeignet.

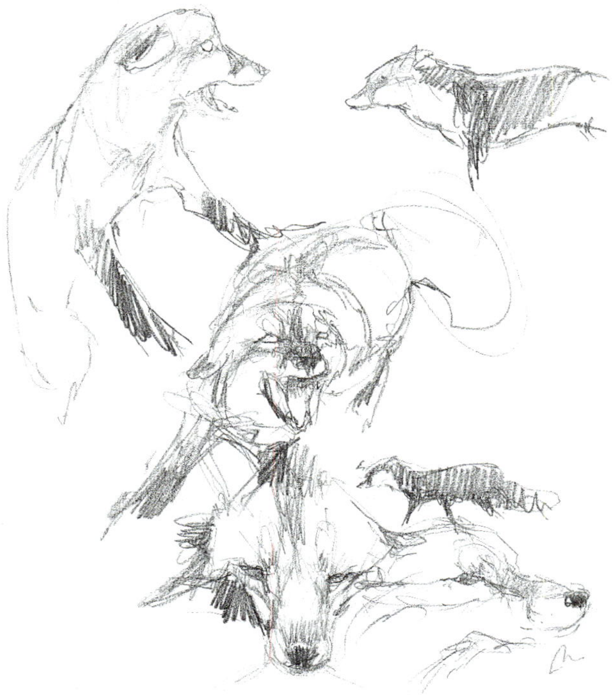

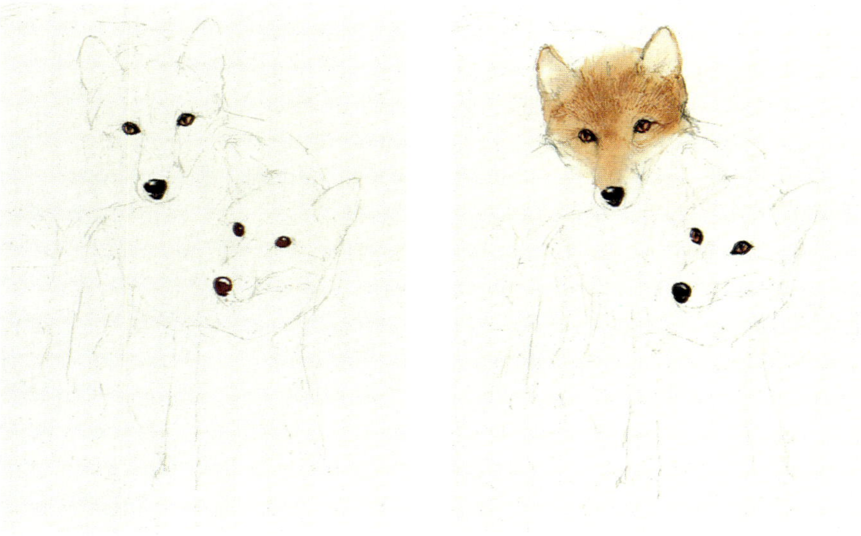

Schritt 1

Für diese Arbeit eignet sich am besten ein glattes Aquarellpapier im Format 40 x 60. Als Vorlage dienen die Skizzen. Beginnen Sie mit einer einfachen Vorzeichnung. Wie in der auf Seite 37 beschriebenen Vorgehensweise werden die Gesichter gestaltet, und mit raschen Pinselstrichen (Gr. 10) wird die Körperfarbe verteilt. In der Farbgebung kommen für die Gesichter erneut Lichter Ocker, Lichter Ocker gebrannt, Siena gebrannt und Indischgelb zum Einsatz sowie später für die Läufe, Pfoten und Ohren Indigo. Die dunkle Farbe sollte erst dann aufgetragen werden, wenn die helle Grundfarbe schon leicht angetrocknet ist. Die Restfeuchte nimmt die neu aufgetragene Farbe ganz leicht an, ohne daß sich die beiden Farben unkontrolliert miteinander vermischen. Ebenfalls noch im feuchten Zustand können mit dem Pinselstiel die Fellstrukturen und die notwendigen Umrißlinien eingeritzt werden.

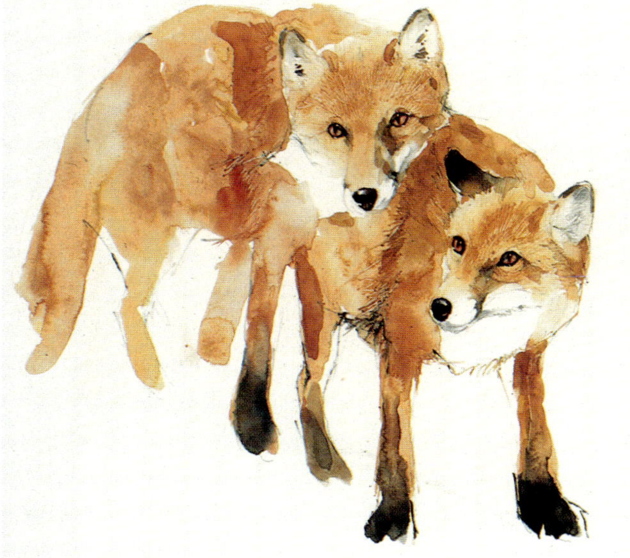

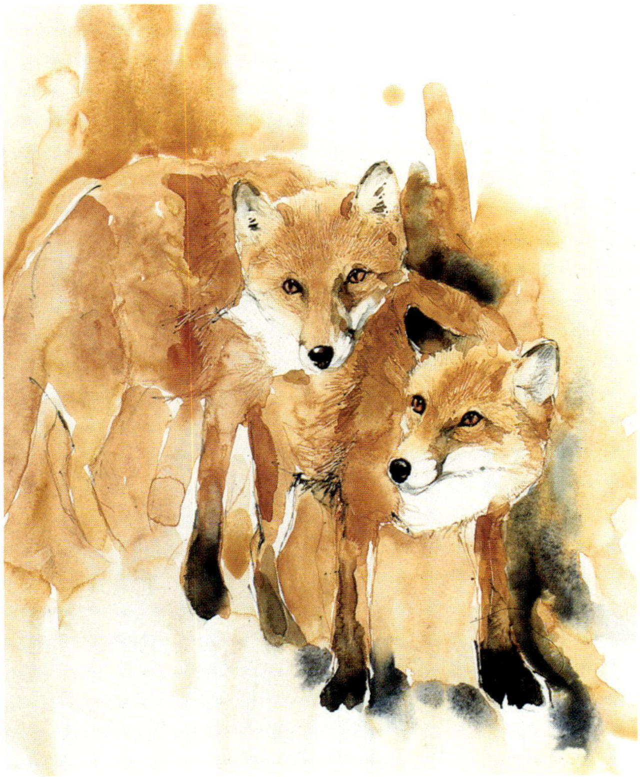

Schritt 2
Die noch teilweise feuchte Körperfarbe wird jetzt mit viel Wasser aus dem Körper in die Umgebung herausgezogen und verteilt. Später, im Verlauf des Trocknens, können Sie einzelne Farbtupfer zugeben, um das Bildgeschehen zu akzentuieren. Dadurch lösen sich die Körper der Tiere vor dem Hintergrund leicht auf. Dieser Effekt war zwar nicht geplant, aber in seiner Spontanität liegt auch sein besonderer Reiz. Soll der Hintergrund jedoch nicht grau und stumpf aussehen, darf die Farbe nicht zu lange auf dem Papier „verrührt“ werden. Dies würde die schönen zufälligen Strukturen wieder zerstören. Durch Herausnehmen der Farbe mit einem Schwamm im oberen und unteren Bildbereich wird das Bildgeschehen nun konzentriert. Eine solche Ton-in-Ton-Maltechnik ist einerseits ein interessantes Stilmittel und andererseits entspricht sie in diesem Beispiel auch den natürlichen Gegebenheiten, da sich die Tiere farblich optimal an ihre Umgebung anpassen.

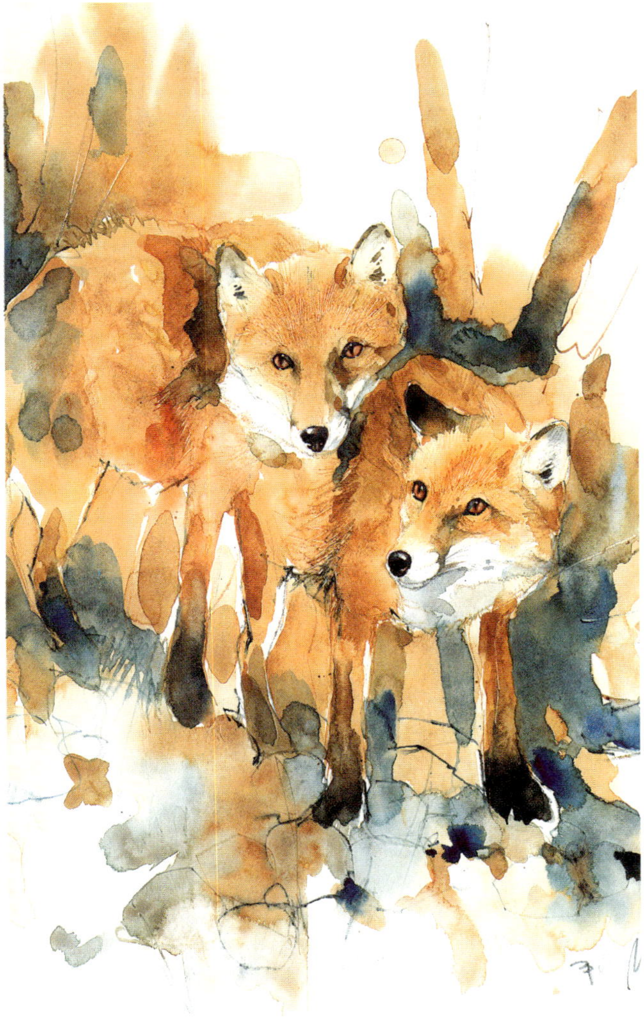

Schritt 3
Im letzten Stadium wird dann zur Schaffung eines Kontrapunktes ein leuchtend blauer Ton (Winsorblau) eingesetzt. Dadurch erhalten der Hintergrund Tiefe und die Körper der Tiere ihre Schatten. Da keine Rücksicht darauf genommen wird, ob die soeben aufgetragene Farbschicht schon trocken ist, bilden sich in den Verlaufbereichen neue Farbeffekte. Das Blau wächst ganz zart in den rötlichgelben Bereich hinein und verdrängt die vorhandene Farbe teilweise. Einige abschließende Linien mit dem Pinselstiel und ergänzende Farbtupfer deuten den Hintergrund, Steine und Stämme an.

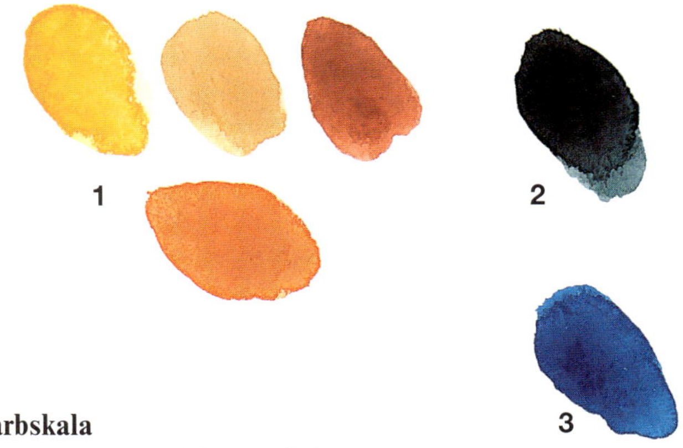

Farbskala
1 Indischgelb + Lichter Ocker + Lichter Ocker gebrannt, **2** Indigo, **3** Winsorblau

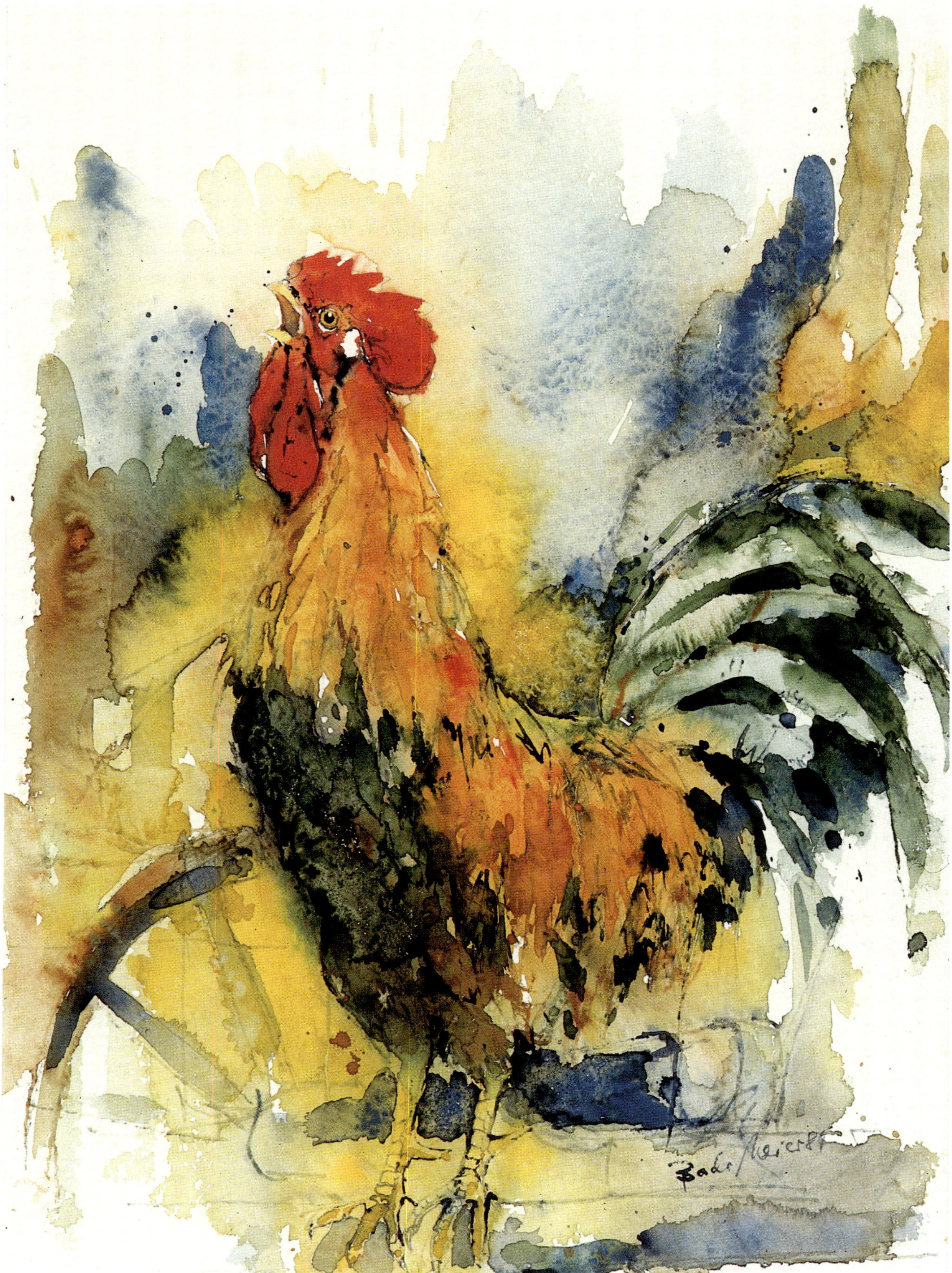

Bunter Hahn

Was wäre ein Bauernhof ohne sein Geflügel, den Hühnern, Enten, Gänsen und manchmal auch Tauben. Der hier abgebildete Hahn wurde auf einem etwas gröber strukturierten Torchon-Papier gemalt. Für die Kopflappen und den Kamm wurden Permanentrot und Kadmiumrot verwendet, für Hals und Flügeldecken Indischgelb, Lichter Ocker gebrannt und Kadmiumrot, für Brust und Bauch Echtgrün oliv, das, zusammen mit Ultramarinblau, auch im blauschimmernden Schwanz erscheint. Der gesamte Körper wurde ohne Trockenphase in schnellen Pinselstrichen gemalt. Zum größten Teil wurde naß in naß gearbeitet. An einigen Stellen jedoch, vor allem im Hintergrund, sehen Sie Übergänge von naß zu trocken, an anderen Stellen zerfließen die Farben.

Wichtig ist es, das Malobjekt nicht von seinem Hintergrund zu isolieren. Deshalb wurde links und rechts des Kopfes ein kräftiges Indischgelb eingesetzt. Dadurch verschwimmen die Konturen etwas, aber der Hahn steht jetzt vor dem Licht der aufgehenden Sonne. Ähnlich wurde Ultramarinblau oberhalb von Rücken und Schwanz verwendet; teilweise bleiben die Konturen der Rückenlinie erhalten, teilweise vermischen sich die Farben. Ein kräftiges Ultramarinblau auf der rechten Bildseite erhöht die morgendliche Schattenwirkung und korrespondiert mit dem leuchtenden Gelb des Lichtes.

Das Naß-in-Naß-Malen ist sicher eine der spannendsten Techniken der Aquarellmalerei und erfordert die ganze Konzentration des Malers. Die Pinselarbeit muß bewußt und gezielt sein, ein zu wildes Malen oder ein zu langes „Herumrühren" auf dem Papier läßt die Farbe verschmutzen. Bei aller Geschwindigkeit des Malens ist es manchmal notwendig, den Pinsel vorsichtig und bedächtig einzusetzen, abzuwarten, bis die unterliegende, noch nasse Farbschicht bereit ist, eine weitere Farbe aufzunehmen. Der richtige Zeitpunkt ist dann erreicht, wenn das Oberflächenwasser verdunstet ist, die Farbschicht aber noch etwas Feuchtigkeit enthält. Vorsicht: Bei der Arbeit mit einem Fön wird der Trocknungsprozeß oft zu stark beschleunigt.

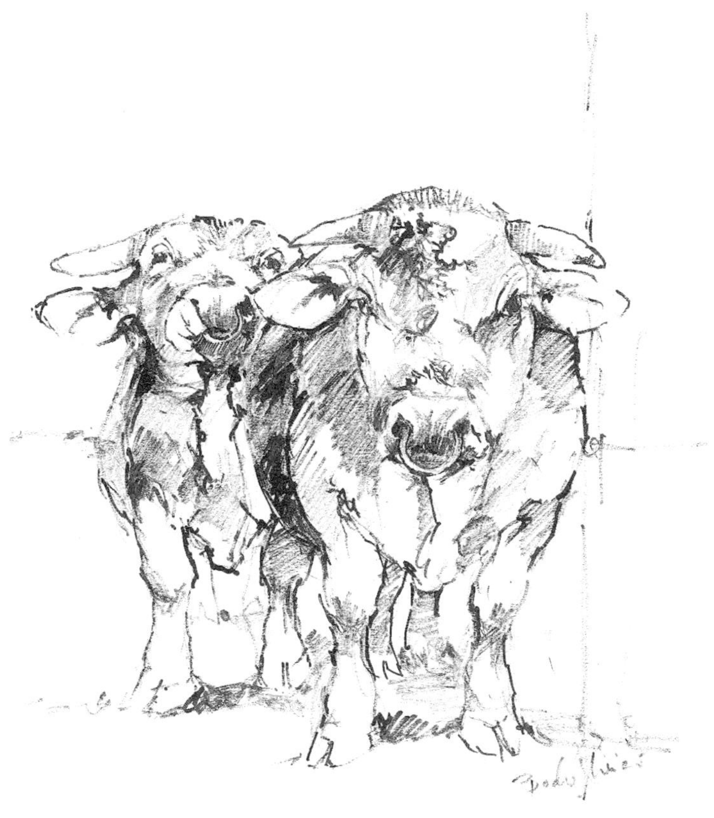

Im Kuhstall

Die Arbeit im Kuhstall ist schwieriger, als ich es mir je vorgestellt habe. Auf meinem kleinen Malstuhl sitze ich in der drangvollen Enge des Mittelganges zwischen den langen Reihen der rotbunten Kühe und Jungrinder. Das Halbdunkel verwischt die Schatten, und das wenige Licht, das durch die kleinen, blinden Fenster fällt, reicht kaum aus, um Farben zu erkennen. Mein Malbrett, Farbkasten und Pinsel halte ich auf dem Schoß, das Wasserglas steht neben mir auf dem Steinfußboden. Tiere vor mir, hinter mir, manchmal erhebt eine Kuh ihren großen, kantigen Kopf, verharrt in der gleichmäßigen Mahlbewegung ihrer Kiefer, drückt dann die feuchte Nase neugierig über mein Malbrett, fährt mit der Zunge darüber und bläst mir ihren warmen Atem ins Gesicht. Dreimal sitze ich dort, dreimal male ich Kühe und Bullen, inmitten von Wolken von Fliegen. Fliegen auf meinem Gesicht, auf meinen Händen und Fliegen auf dem nassen Papier. Die Ausdünstung der Kühe scheint die Farbe auf dem Papier anzugreifen, oder sind es die Fliegen, die unermüdlich jeden Pinselstrich belagern, dabei Wasser und Farbe aufsaugen. Also muß ich schnell arbeiten, das verblassende Tageslicht ausnützen. Rasch die Farben auf das Blatt gesetzt, ohne Vorzeichnung, nicht länger als eine halbe Stunde habe ich Zeit.

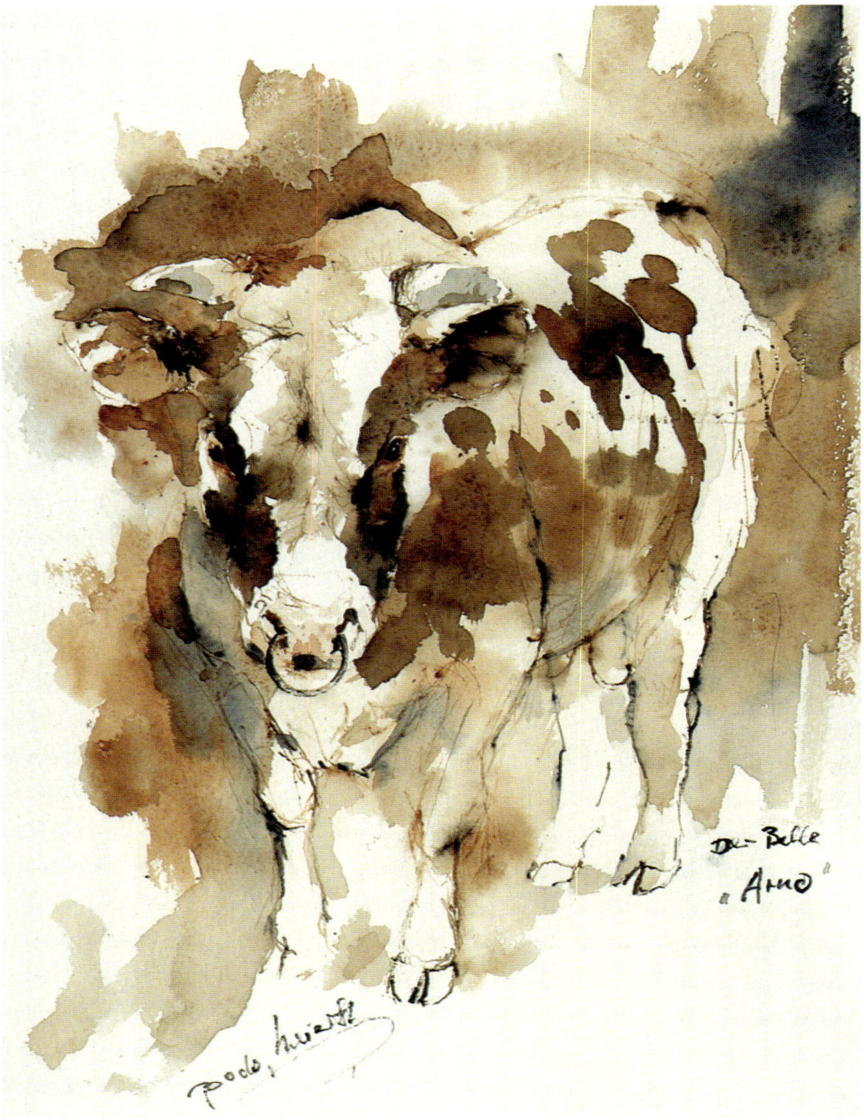

Der Bulle Arno
Das letzte Bild ist der „Bulle Arno“, ein mächtiges und ungestümes Tier mit breiter Stirn und massigem Nacken, der Stammvater einiger Rindergenerationen hier im Stall. Und doch sind es seine letzten Tage. Der Jungbulle neben ihm ist schon als Nachfolger bestimmt. Manchmal schüttelt Arno unwillig den Kopf, daß es ordentlich in den Ketten rasselt. Dabei verdreht er die Augen, bis nur noch das Weiße zu sehen ist. Dann reißt er an den Riemen und tritt mit den Hufen ins Stroh, und ich bin froh, daß er einen Ring in seiner empfindlichen Nase trägt. Als ich zwei Tage nach der Fertigstellung dieses Bildes in den Stall zurückkehre, ist sein mächtiger Rücken aus der langen Reihe der Rinder verschwunden. In seiner Box steht der Jungbulle.
Das Malen im Kuhstall ist sicher nicht jedermanns Sache und ist für das Tieremalen auch sicher nicht zwingend. Hunde, Katzen, Pferde, Geflügel, aber auch die Kleinen wie Hamster, Kaninchen, Wellensittich und Schildkröte - nicht zu vergessen, die bunte Palette der Zierfische im Aquarium - sie alle gehören zu der großen Zahl an geschätzten und geliebten Hausgenossen. Sie alle bieten sich zum Malen an und sind ideale Motive. Sie ersparen uns den häufig mühseligen Gang in die „Wildnis“ und haben dennoch Vielfalt und Schönheit zu bieten.
Häufig verbinden sich für den Maler mit seinen Malobjekten kleine Begebenheiten oder einfach nur schöne Stunden. Setzen Sie sich im Sommer mit dem Skizzenblock auf die Pferdekoppel oder die Kuhweide, beobachten Sie die Hühner auf dem Hühnerhof; für den Anfänger wie für den Fortgeschrittenen bieten sich eine Fülle von Übungsmöglichkeiten.

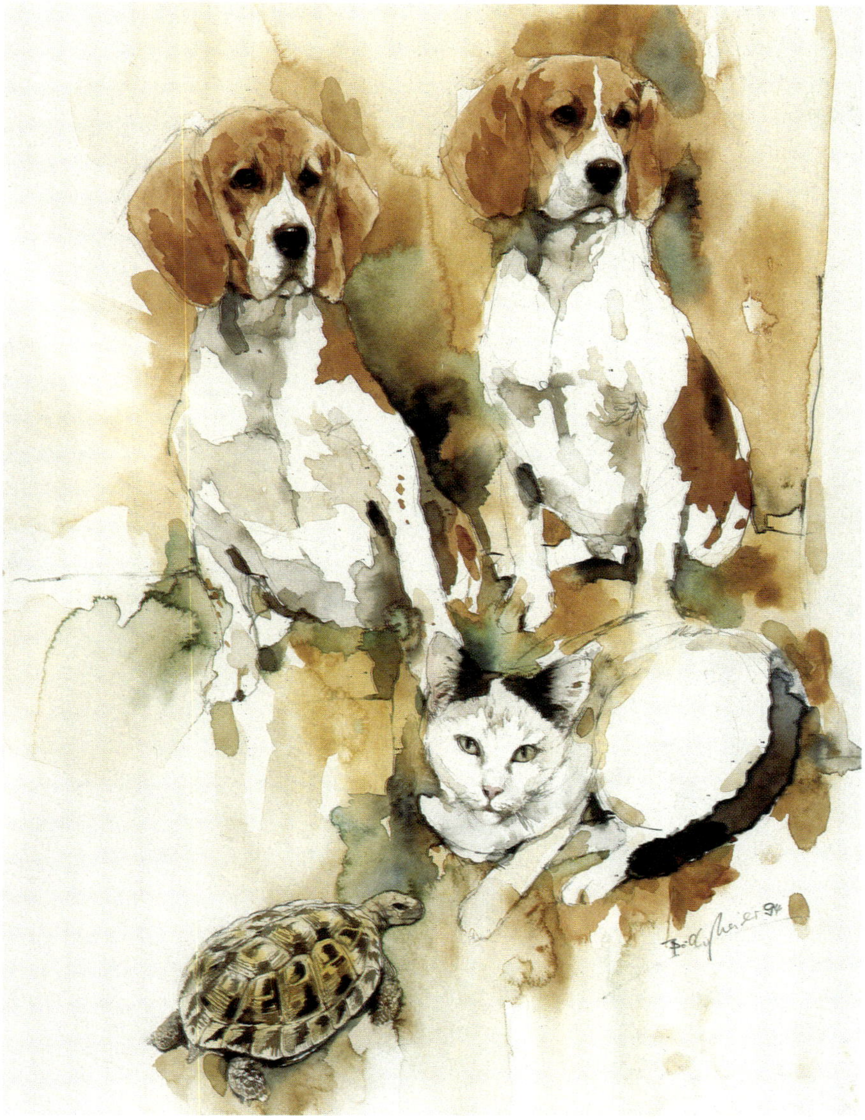

Weißes Fell malen

Insbesondere große weiße Flächen sollte man im Aquarell nicht mit Deckweiß gestalten, sondern durch Aussparen der entsprechenden Stellen; das heißt, der Papiergrund sollte nicht mit Farbe bedeckt werden.
In der Abbildung oben wird Weiß allerdings nicht nur als Aussparung des Papiers, sondern auch in verschiedenen Grautönen wiedergegeben. Die Gestaltung des Katzenkörpers und der Brust der Beagle erfolgte mit farbigen Grautönen, die zusammen mit dem Weiß des Papiers einen wirkungsvollen Licht-und-Schatten-Kontrast bilden. Dabei sollte auch in den Schattenpartien der Eindruck von Weiß erhalten bleiben. Farbige Grautöne entstehen durch die Mischung von Komplementärfarben Rot und Grün, Violett und Gelb und Blau und Orange. Je nach Bedarf kann dabei durch Gewichten der einen oder anderen Farbe ein neutrales Grau als Schatten oder ein wärmeres Grau für die rosafarbene Haut, die durch das Fell durchschimmert, gemischt werden (siehe auch Seite 52/53).

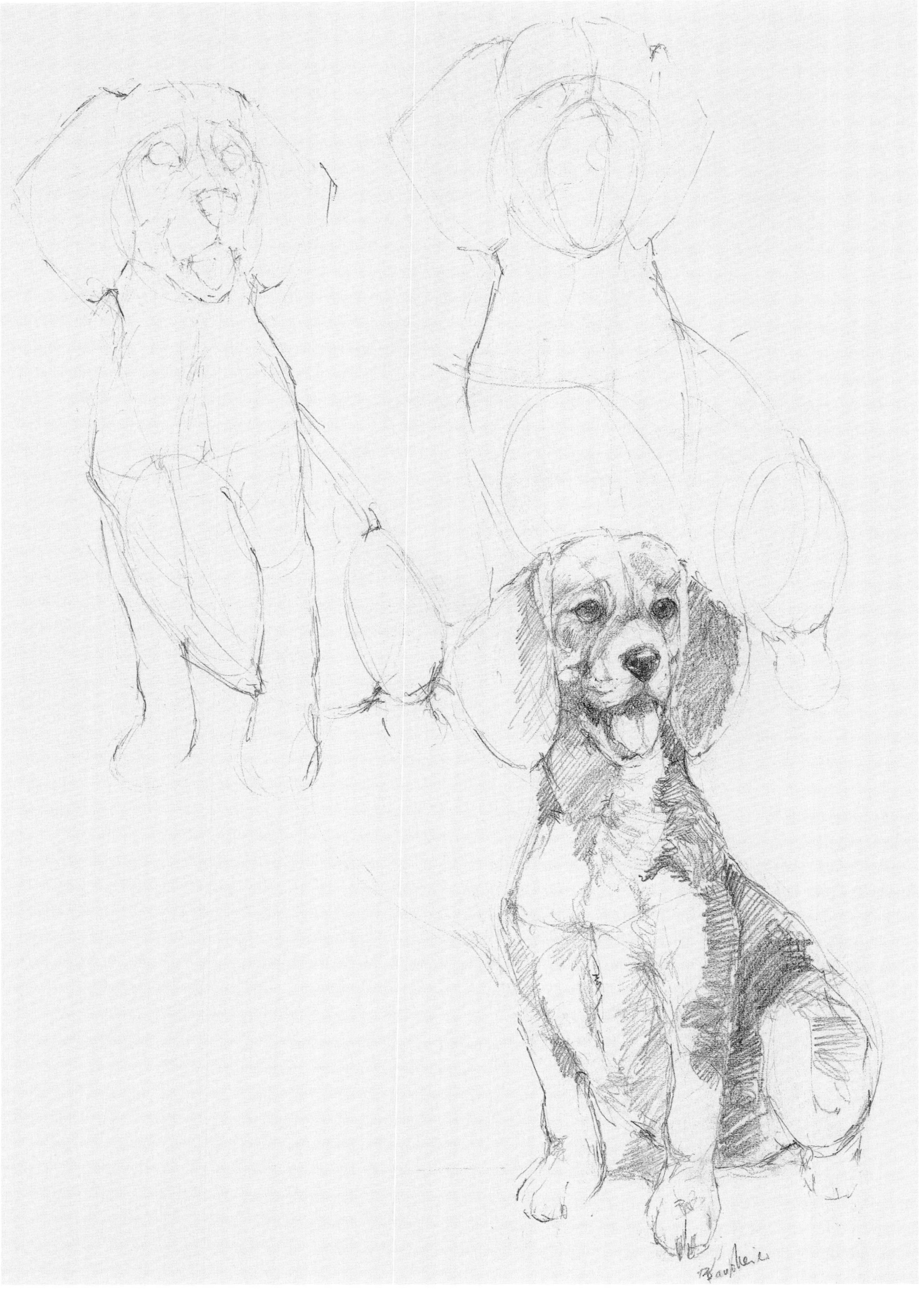

Junger Beagle – Entwicklung einer Zeichnung

Für den Aquarellmaler – wie für wohl jeden Künstler – ist es von großem Vorteil, sich auch mit den verschiedenen Zeichentechniken auseinanderzusetzen. Für die Erstellung von Skizzen ist Zeichnen unerläßlich, und auch im Aquarell können durch den Einsatz graphischer Stilmittel reizvolle Effekte erzielt werden. Zwar sollte man beim Einsatz der Zeichnung im Aquarell vorsichtig sein, so daß es nicht zu einem Bruch in der Darstellungsweise kommt, doch leichte Schraffuren können eine Farbfläche auflockern, Fell, Gefieder und Hautstrukturen durch gezeichnete Elemente plastischer herausgearbeitet werden (siehe auch Seite 25).

Da in der schwarzweißen Zeichnung die Farbe als Gestaltungsmittel entfällt, müssen Motiv und Fläche allein mit Hilfe der Linien wiedergegeben werden. Vergleichen Sie einmal die Aquarellstudie der Beagels von der vorangegangenen Seite mit der hier abgebildeten Zeichnung. Die weißen Partien von Brust, Schnauze und Beinen wurden ebenso wie die Schatten durch unterschiedliche Nuancierung der Bleistiftlinie ausgedrückt.

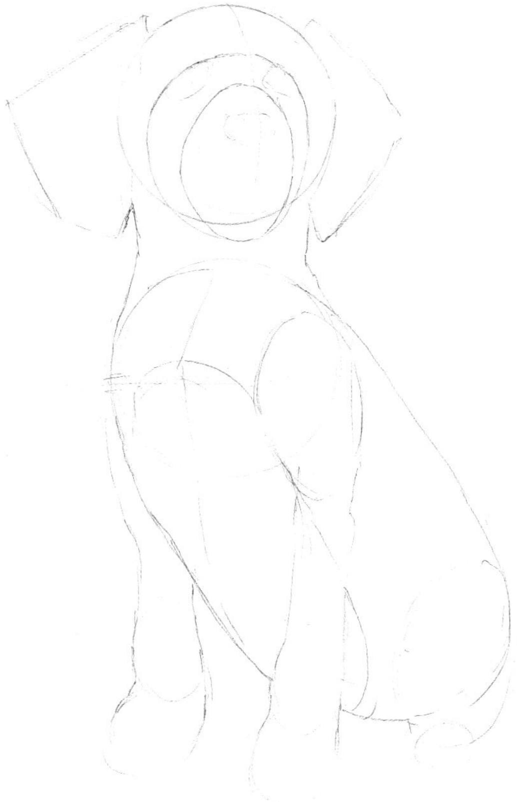

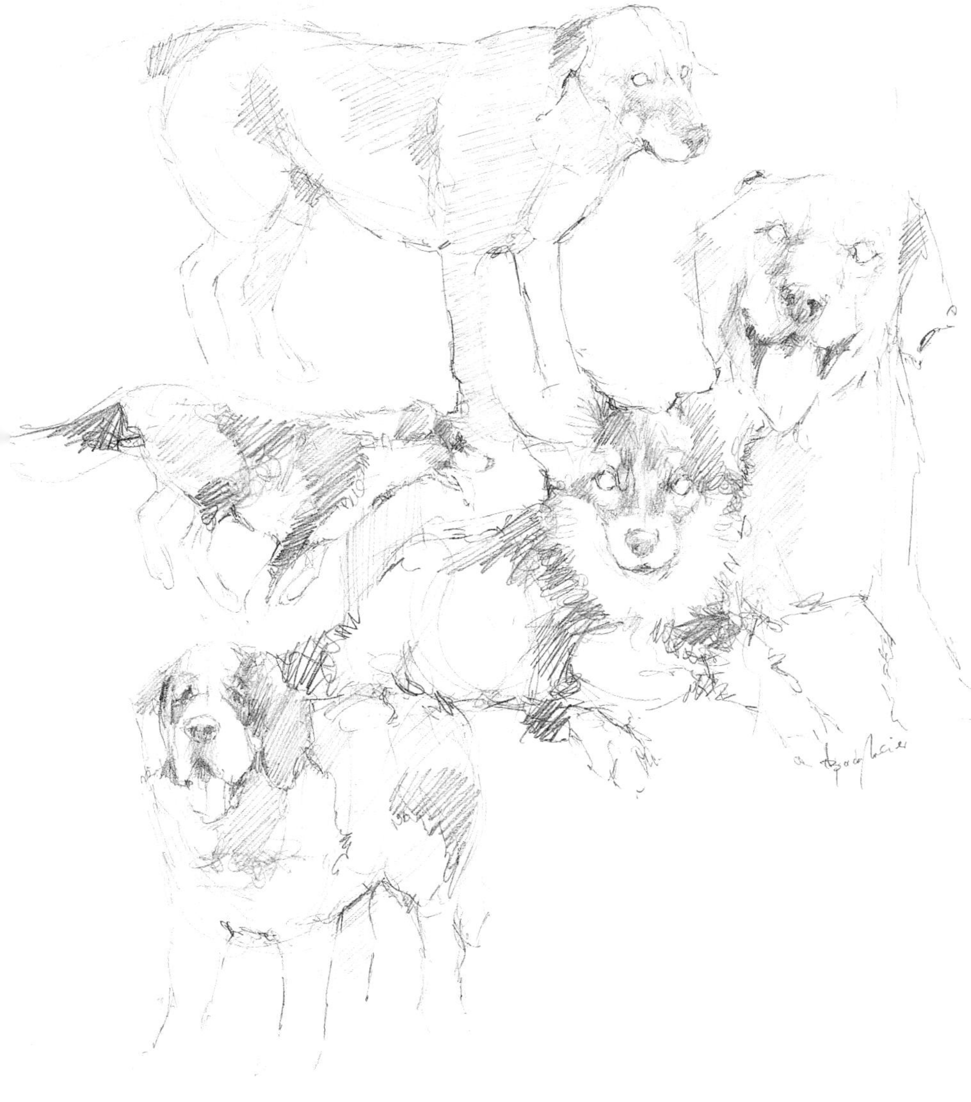

Die Zeichnung oben veranschaulicht in starker Überbetonung der Kreisform den Aufbau des gezeichneten Tierkörpers. Kopf, Gesicht und Schnauze werden durch ineinanderliegende Ringe umschrieben, ebenso Rumpf, Brust und Bauch. Die Kreis- bzw. Ellipsenform ist die Grundform, an der wir uns beim Malen oder Zeichnen orientieren können.

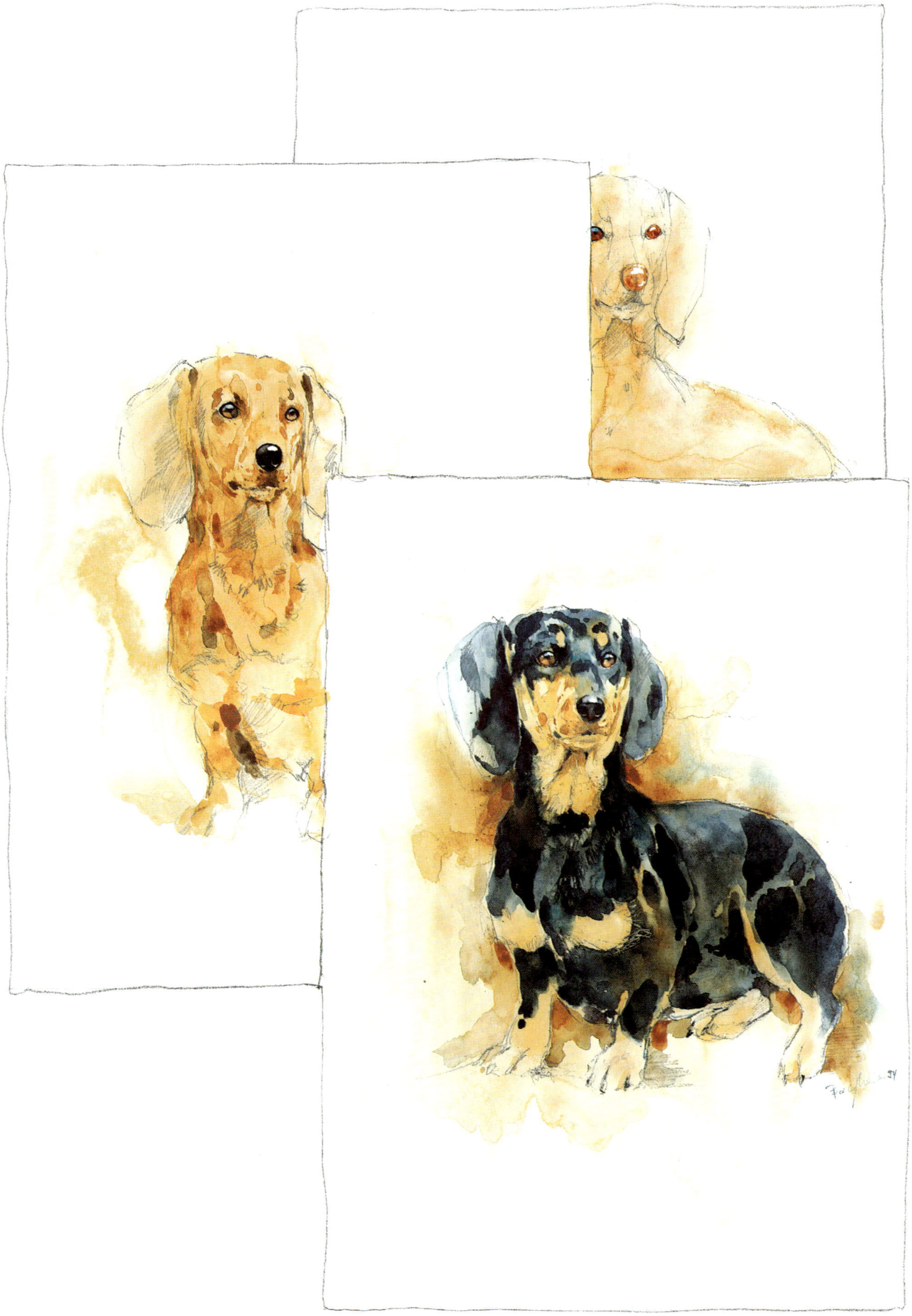

Ein Dackel in Lasurtechnik – ein Aquarell in drei Schritten

Im folgenden Beispiel wird in der Lasurtechnik gearbeitet, bei der man transparente Farbschichten (Lasuren) übereinander setzt. Die untere Farbschicht schimmert dabei durch die obere hindurch und beeinflußt so die darübergelegten Farbschichten in ihrer Wirkung. Beim Übermalen kann es auch passieren, daß sich Teile der schon trockenen Untermalung lösen und mit den Pigmenten der frischen Farbe eine Mischung eingehen, ein Effekt, mit dem man bewußt spielen kann. Soll dies jedoch vermieden werden, muß das Bild zwischen jedem Malschritt gut durchtrocknen.

Für das Übungsbild habe ich einen zweifarbig schwarzbraunen Kurzhaardackel gewählt. Dackel und Beagle unterscheiden sich in ihrem Körperbau und Erscheinungsbild nicht sehr voneinander: Sie kennzeichnet ein langgestreckter, walzenförmiger Körper auf kurzen, krummen Beinen. Beagles sind aber grundsätzlich zweifarbig weiß-braun; Dackel hingegen finden wir einfarbig rotbraun (Langhaar und Kurzhaar), „Pfeffer-und-Salzfarben“ (Drahthaar) und zweifarbig. Der Dackel wird in ähnlicher Stellung festgehalten wie der junge Beagle in der Skizzenfolge auf Seite 44. Die Vorzeichnung kann daher in den gleichen Schritten aufgebaut werden.

Schritt 1

Das Blatt wird gleichmäßig mit Wasser benetzt, auf die Vorzeichnung muß dabei keine Rücksicht genommen werden. Weiße Stellen (Augen und Nase) sollten vorher allerdings mit Rubbelkrepp abgedeckt sein. Die erste Farbschicht besteht aus Siena gebrannt und etwas Lichtem Ocker. Während des Trocknens kann dann der Farbauftrag etwas verstärkt werden. Auch Augen und Nase werden jetzt untermalt (Lichter Ocker gebrannt).

Schritt 2

Nach dem vollständigen Trocknen kann die erste Farbschicht über die Untermalung gesetzt werden, wobei mit den gleichen Farben weitergearbeitet, aber zwischen hellen und dunklen Tönen variiert wird. Beobachten und beachten Sie die Wirkung von Licht und Schatten und die Wechselwirkung von glänzenden und stumpfen Fellpartien, die durch den unterschiedlichen Verlauf des Haarstrichs hervorgerufen werden. Außerdem hängt die Gestaltung der Körperkontur von der unter dem Fell liegenden Skelettmuskulatur ab. Die möglichst genaue und naturgetreue Wiedergabe der typischen Charakteristika erhöht die plastische Wirkung. Augen und Nase werden jetzt ebenfalls vollendet.

Schritt 3

Für die schwarzen Fellpartien eignet sich Indigo, gemischt mit etwas Siena gebrannt (eventuell kann man noch ein wenig Winsorblau zufügen). Die glänzenden und stumpfen Fellpartien sollen nun noch stärker herausgearbeitet werden. Ein dünner Schleier der Indigomischung verstärkt alle schwarzen Stellen, und die Beigabe von Winsorblau erhöht den glänzenden Effekt. Nach dem Trocknen wird die dunkle Farbe mit einem nicht zu dünnen Pinsel (Gr. 4) an manchen Stellen (zum Beispiel den Flanken und Gesicht) wieder ausgewaschen, damit die fahlbraune Unterwolle durch das schwarze Deckhaar durchschimmert. Um die Plastizität der Form zu verstärken, sollten Sie abschließend auf dem ganzen Körper dunkle Farben fleckenartig auftupfen. Natürlich bleiben Schnauze, Kehle, Brust und Pfoten unverändert.

Abschließende Detailarbeiten wie Krallen an den Pfoten und Fellstrukturen, mit dem Pinselstiel eingekratzt, runden unser Dackelporträt ab.

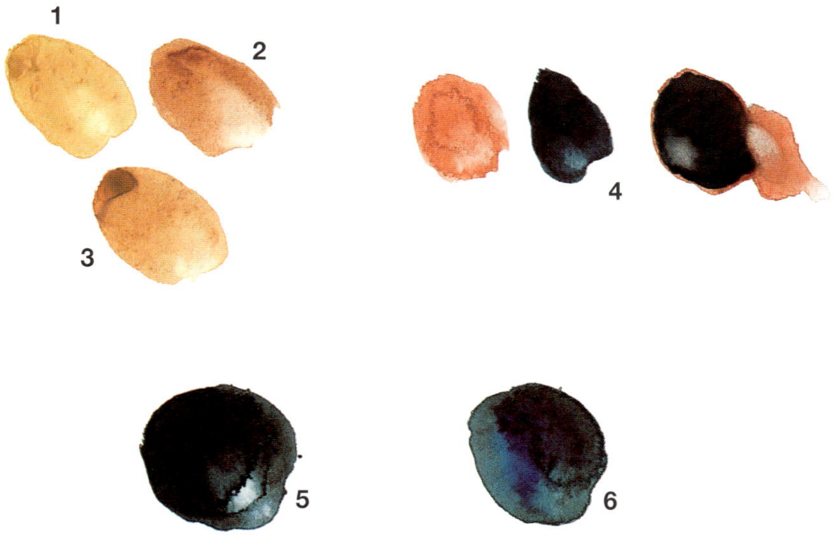

Farbskala

1 Lichter Ocker, **2** Siena gebrannt, **3** Lichter Ocker + Siena gebrannt, **4** Lichter Ocker + Indigo (trocken übereinander gesetzt), **5** Indigo + Siena gebrannt, **6** Siena gebrannt + Indigo + Winsorblau

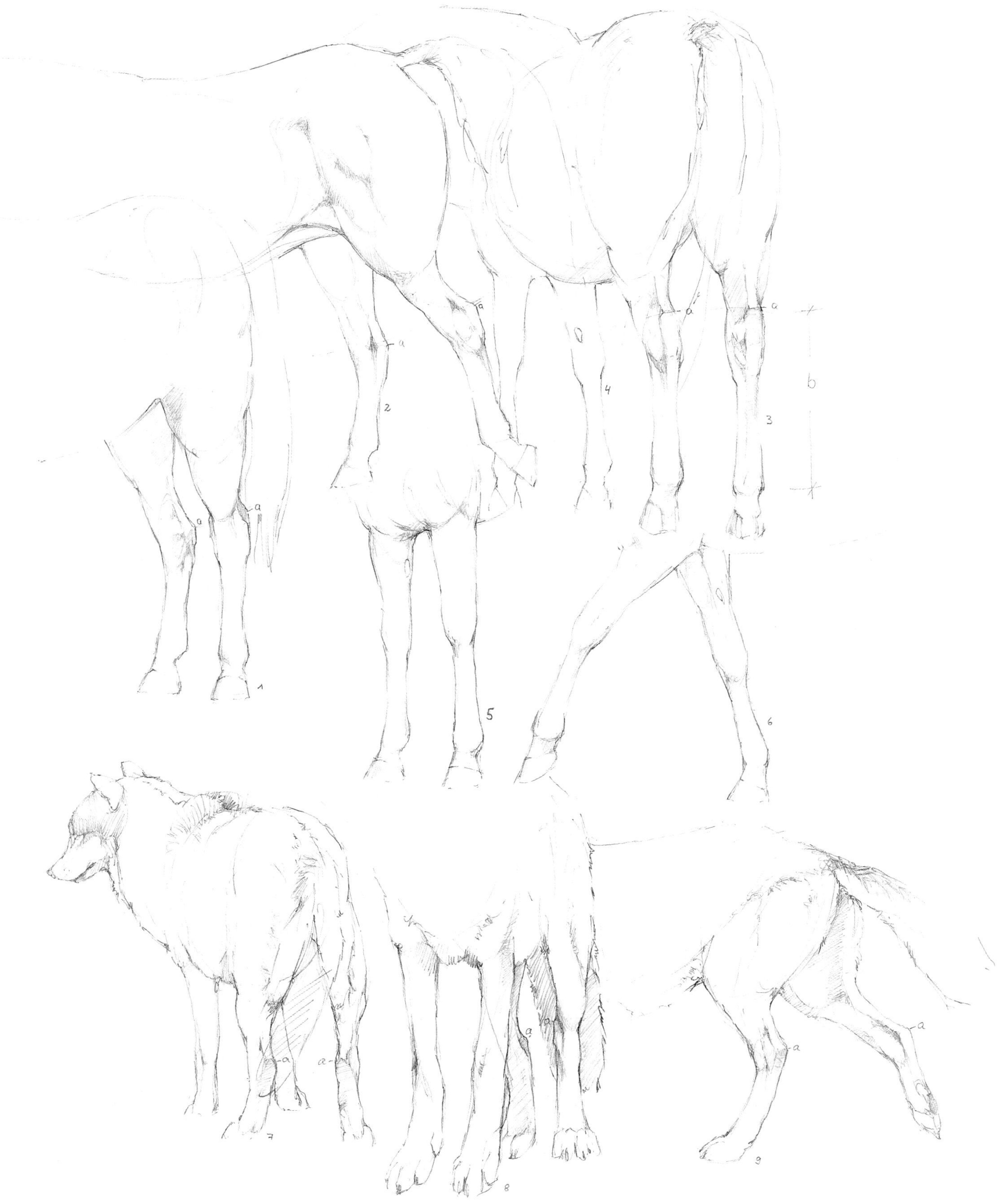

Anatomischer Vergleich von Pferde- und Hundebein
Wer sich mit der Tierdarstellung beschäftigt, muß sich sehr genau mit der Tieranatomie auseinandersetzen, denn die „Kenntnis von Formaufbau führt zu Formverständnis“ (Gottfried Bammes).
Jeder, der schon einmal ein Pferd gezeichnet oder gemalt hat, weiß um die Schwierigkeit, die die Pferdeanatomie dem Künstler bereiten kann. Überhaupt sind besonders Huftiere aufgrund ihrer Hochbeinigkeit und Feingliedrigkeit relativ schwer zu zeichnen. Daher einige Tips, wie Sie die formalen Aspekte besser bewältigen können.

Die nebenstehenden Skizzenübungen helfen Ihnen bei der Darstellung von Pferde- und Hundebeinen. Figur 1 zeigt das Hinterbeinpaar schräg von vorne, Figur 2 von der Seite im Schritt und Figur 3 von hinten. Figur 5 und 6 stellen das Vorderbeinpaar einmal seitlich von vorne und einmal von der Seite im Schritt dar. Beachten Sie die Ausbildung von Gelenken und Muskeln; dabei geht das Pferd wie alle Huftiere auf den Zehenspitzen. Was oft fälschlicherweise für den Fuß gehalten wird, ist in Wirklichkeit die Zehenspitze. Dies führt zu einer bedeutenden Verlängerung des Mittelfußes und damit des ganzen Beines. Zu beachten ist, daß das Knie auf Hüfthöhe in der Oberschenkelmuskulatur eingebettet und optisch mehr oder weniger stark in den Bauch eingegliedert ist. Punkt a markiert die Ferse des jeweiligen Hinterbeines. Im Vergleich dazu die Beine eines Wolfes. Das Fersenbein des Wolfes ist leicht nach innen gerichtet, was ihm eine gewisse x-Beinigkeit verleiht.

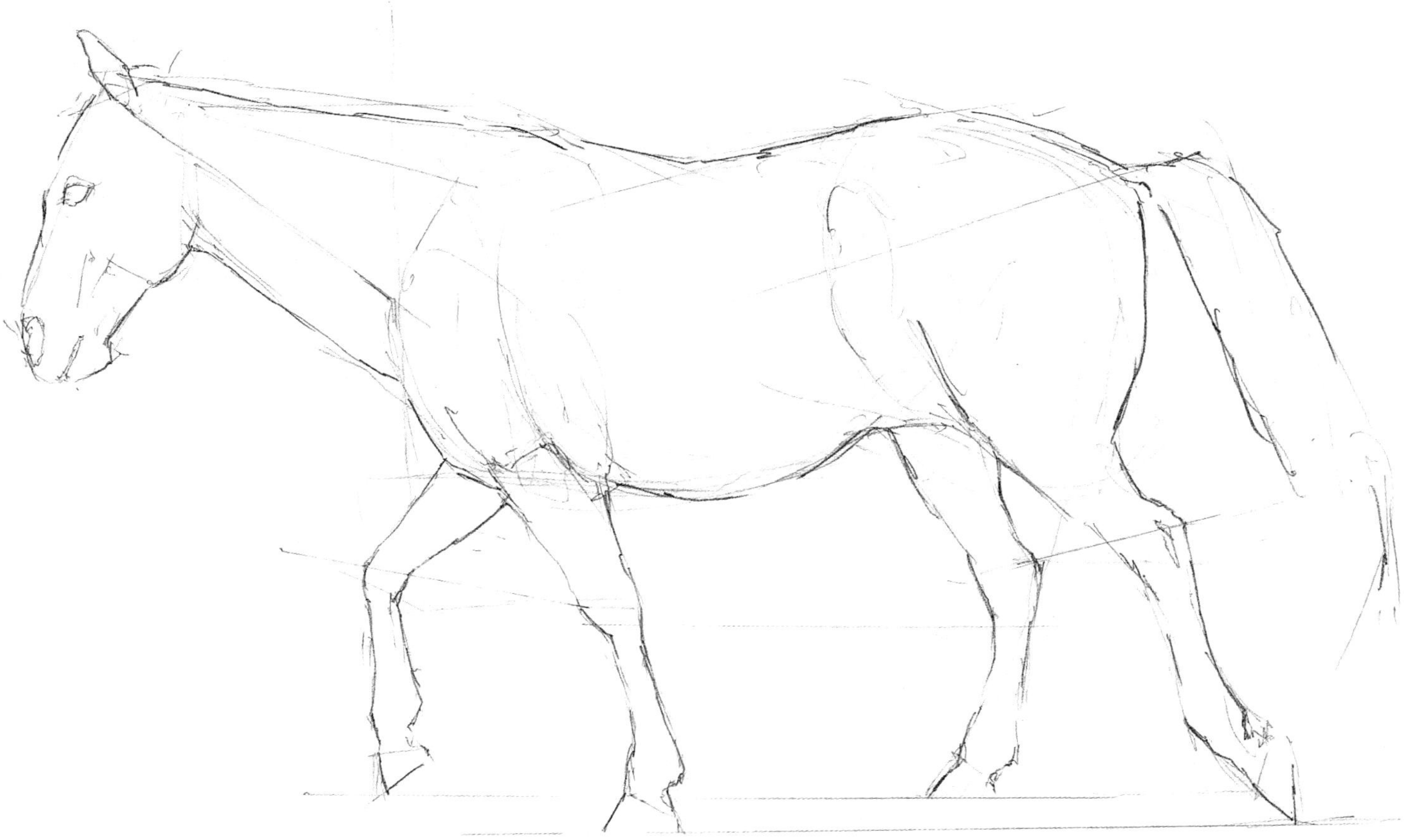

Schreitendes Pferd
Die Skizze zeigt die synchrone Haltung der Beine in einer Phase des Schritts. Während das rechte Vorderbein aufgesetzt wird, schwingt das linke Hinterbein nach vorne, das rechte Hinterbein schiebt das Tier in die Bewegungsrichtung, dabei wird die Stützlast vom linken auf das rechte Vorderbein übertragen.

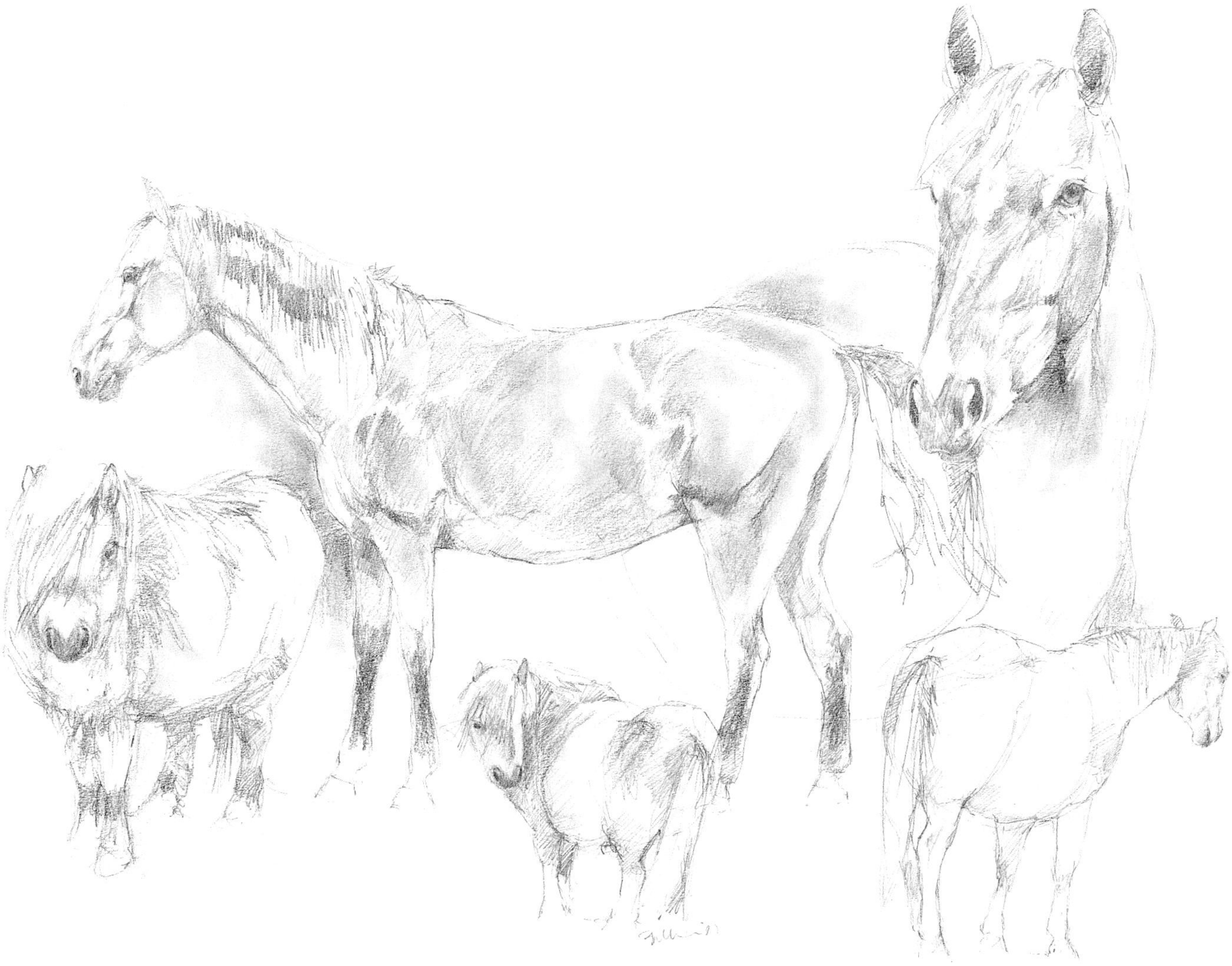

Pferdestudien

Nach der Vorskizze wurde die Zeichnung mit einem weichen Bleistift (8 B) sorgfältig ausgemalt. Dieses sogenannte „Schummern“ mit einem verwischbaren Stift ist eine gute Vorübung für das Aquarellieren. Auf diese Weise lassen sich die Muskelkonturen, der Glanz des Fells sowie Licht- und Schattenstellen gut herausarbeiten. Dabei wird eine feine und enge Schraffur angelegt, die dann mit dem Finger verwischt wird. Bedienen Sie sich einmal solcher „Trockenübungen“, indem Sie einfache Objekte mit dem Bleistift erarbeiten. Gute Übungsobjekte, bevor Sie sich an Tiere wagen, sind Tonkrüge, Steine und Früchte, also Dinge mit glatter, glänzender Oberfläche.

Haflingerstute mit Fohlen

Dieses Aquarell ist schon eine schwierigere Aufgabe. Neben den erwähnten Besonderheiten der Pferdeanatomie müssen wir hier den Problemen der Perspektive und der Proportion Rechnung tragen. Aufgrund ihrer Stellung zum Betrachter - wir sehen die Stute schräg von hinten, das Fohlen von vorne - ergeben sich Verkürzungen in den Proportionen der Tierkörper.

Die farbige Gestaltung des Bildes wurde in der Lasurtechnik erarbeitet. Es ist gut zu erkennen, wie die unteren Farbschichten durch die darübergelegten, transparenten Schichten durchschimmern und die Farbwirkung beeinflussen. Deutlich ist auch, wie sich so durch die Hell-Dunkel-Wirkung Plastizität aufbauen läßt.

Der Hintergrund wurde mit wenigen Grün- und Brauntönen angedeutet. Die goldbraune Körperfarbe der Haflinger (Lichter Ocker und Siena gebrannt) findet sich in der Umgebung wieder. Dazu wurde als Kontrast ein Phthalogrün gewählt. Diese Farbe wurde teilweise auf nasse und teilweise auf trockene Untermalung gesetzt. Bis auf Nüstern und Augen blieb die Darstellung auf nur drei Farben beschränkt.

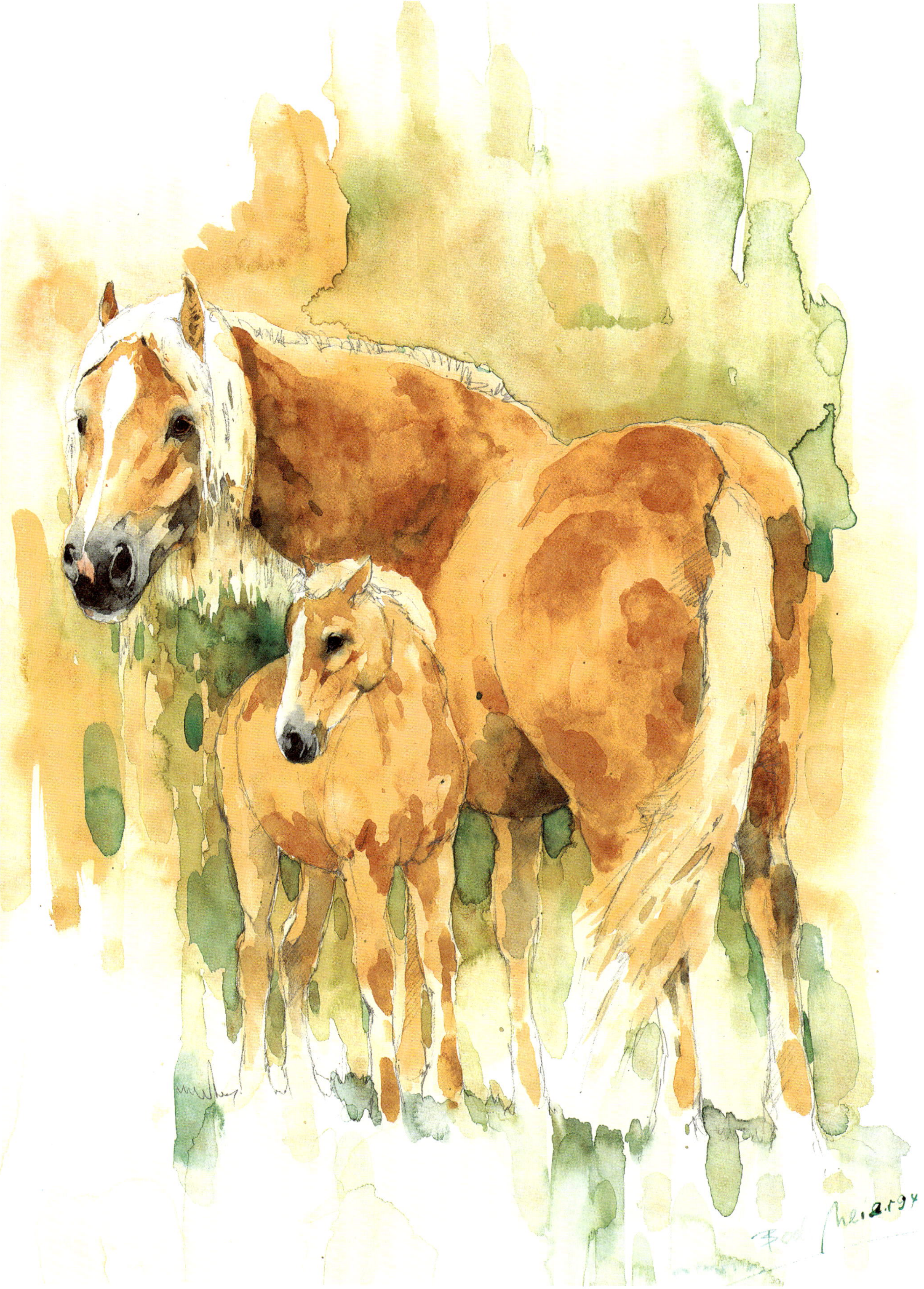

Weiße Katzen

Noch einmal Tiere in Weiß (siehe auch Seite 43). Hier ist es unsere Hauskatze, die ich in verschiedenen Positionen einfarbig weiß oder weißbunt gemalt habe. Zu beachten ist dabei, daß der Hintergrund den Körper gestaltet, also die Farben gegen die Umrißlinie des weißen Körpers gesetzt wurden und so die Formen beschreiben, wir also „negativ“ malen. Die Schattierungen im Fell werden dann später auf das so von der Farbe ausgesparte Tier gemalt.

An und für sich sind Katzen nicht schwer zu zeichnen. Da sie tagsüber längere Ruhephasen einlegen, kann man sie bequem skizzieren. Wenn Sie zum ersten Mal eine Katze malen, sollten Sie unbedingt ein sitzendes oder liegendes Tier als Modell wählen. Die in dieser Körperhaltung rundlichen und eingerollten Formen erleichtern den Zugang zu dem Motiv.

Im Unterschied zu den meist hochbeinigen Hunden ist die Katze sehr niedrig gebaut; sie ist geschmeidig, behende und voller Eleganz, was natürlich auch in einer Bewegungsstudie zum Ausdruck kommen sollte. Kurzbeinige Hunde hingegen wirken oft ein bißchen plump und unproportioniert. Die Kopfanatomie der Katze stellt sich ähnlich dar wie die des Fuchses, nur ist der Schädel weniger gestreckt, die Schnauze weniger spitz; die runde Form dominiert, und selbst in der Seitenansicht kann das Profil bequem von einem Kreis umschrieben werden, aus dem lediglich die Ohren herausragen.

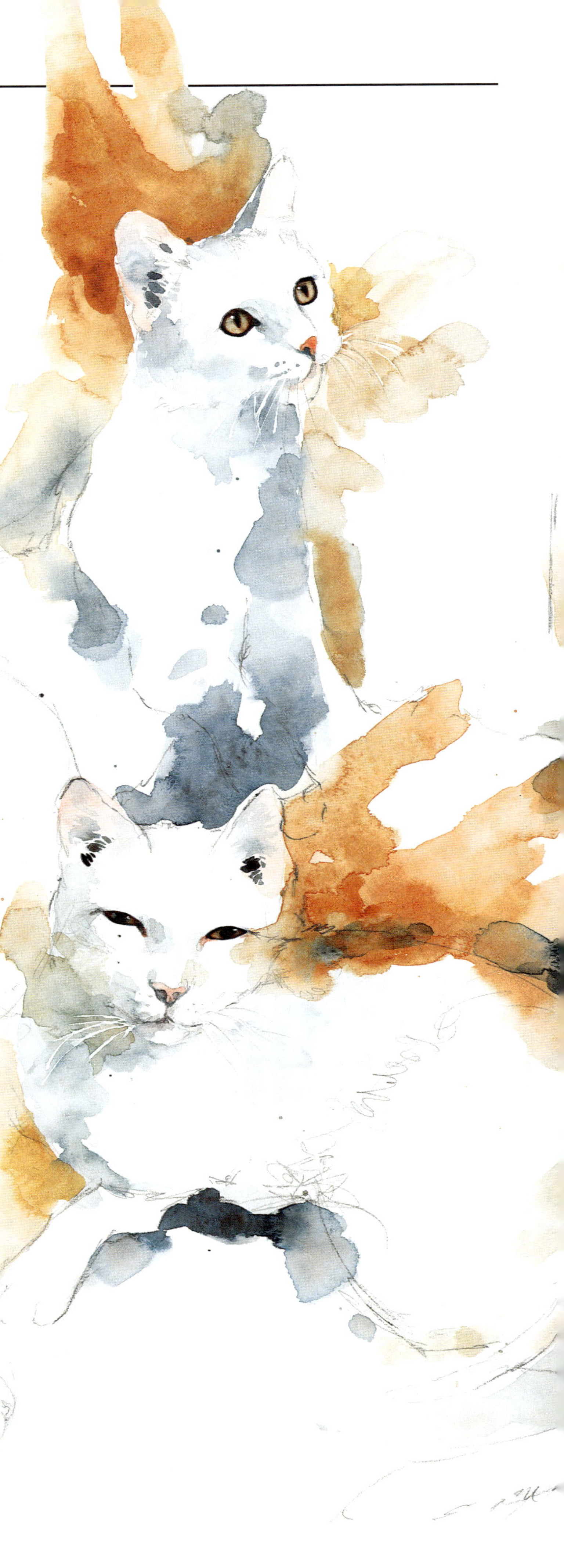

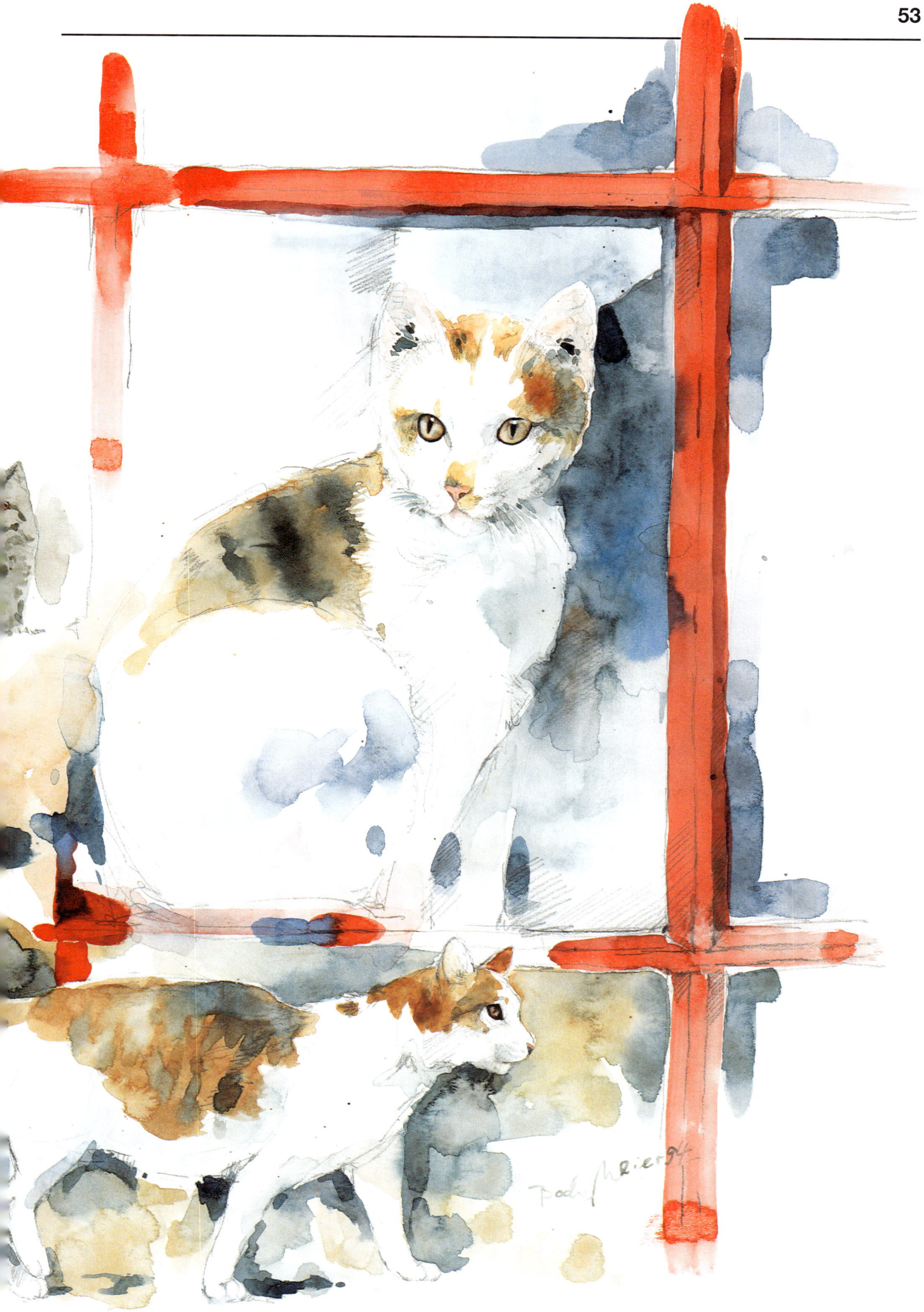

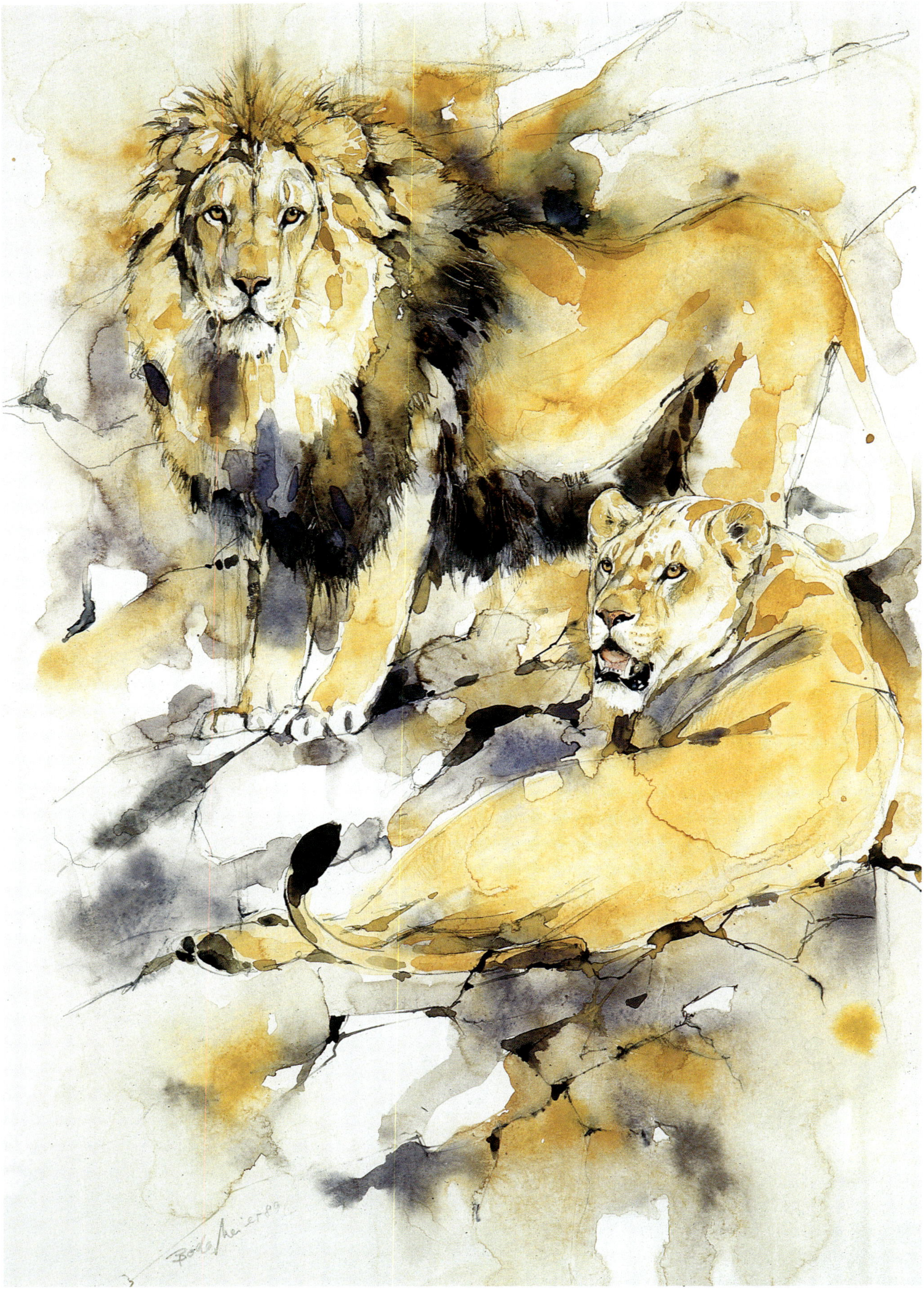

Malen im Zoo

Der Zoo ist die wohl bequemste Möglichkeit, die bunte Vielfalt der Tierwelt zu beobachten und zu malen. Auf engstem Raum stehen uns Tiere unterschiedlicher Regionen und Kontinente als Malmotiv zur Verfügung.

Welches Motiv Sie sich aussuchen, welches Tier Sie besonders anspricht, hängt von Ihrer persönlichen Vorliebe ab. Beachten Sie bei Ihrer Entscheidung jedoch diese beiden Kriterien:

1. Spricht mich das Tier als Motiv an? Die Gründe hierfür können sehr unterschiedlich sein, die furchteinflößende Aggressivität eines Raubtieres, die Anmut eines Zebras oder das Farbspiel tropischer Vögel können gleichermaßen zum kreativen Umgang mit Form und Farbe anregen.
2. Ist mein Vorhaben durchführbar, d. h. übersteigen Anspruch und Wollen nicht meine aktuellen Fähigkeiten, oder entzieht sich das Tier aus anderen Gründen meiner Absicht, es zu malen?

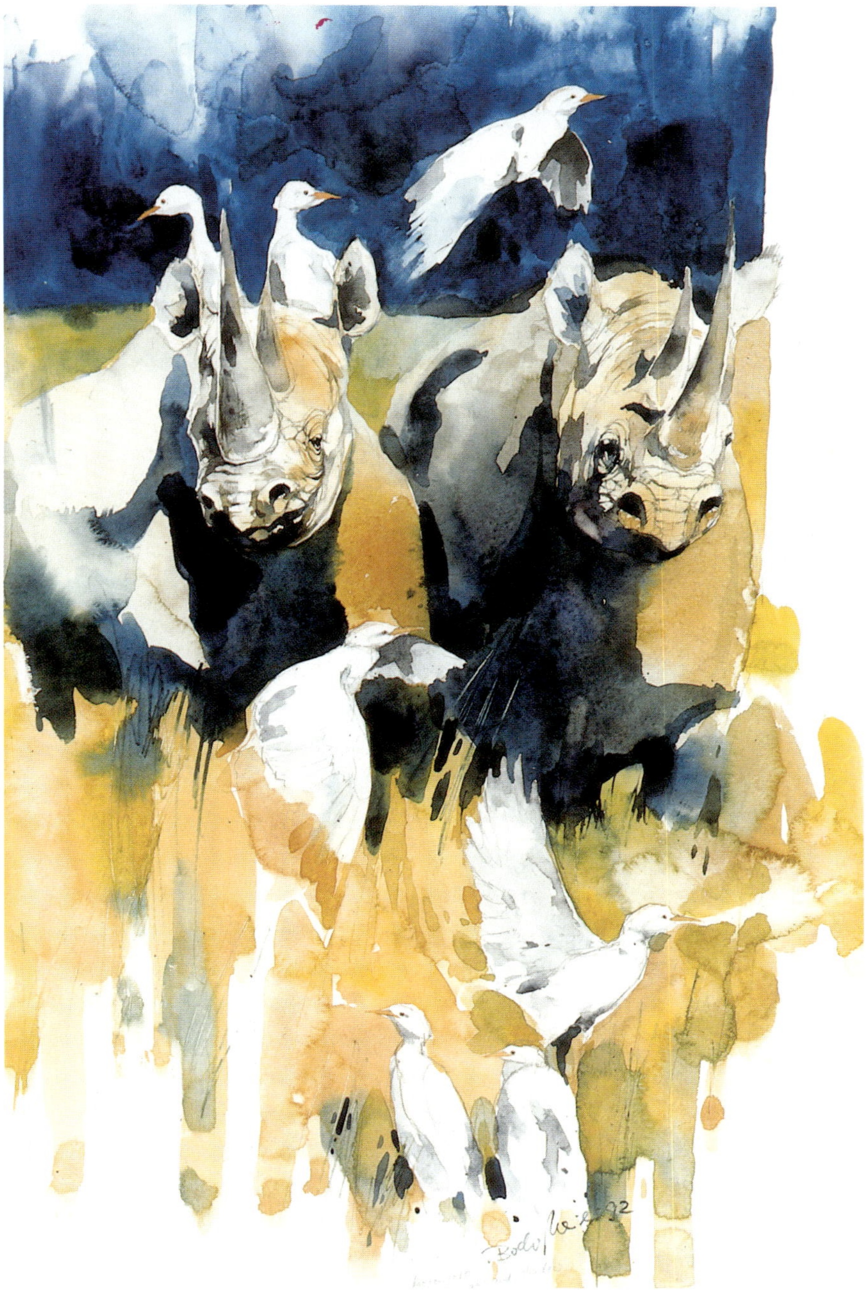

Berberlöwen

In freier Wildbahn sind sie längst ausgestorben, aber in einigen Zoos kann man noch Rückkreuzungen von ihnen sehen. Mit ihrer schwarzen Brust- und Bauchmähne sehen sie recht imposant aus. Die Bleistiftskizze zu diesem Bild entstand im Dortmunder Tierpark. Meist fertige ich im Zoo Skizzen an, die dann die Grundlage zu einem größer angelegten Aquarell bilden. Man kann zusätzlich zur Skizze seine Objekte auch fotografieren. Allerdings sollte das Foto die Skizze niemals ersetzen.

Spitzmaulnashörner und Kuhreiher

Auch hier entstanden die Skizzen zu den Nashörnern im Zoo, die Szene wurde dann allerdings in die ostafrikanische Steppe des Ngorongoro Kraters versetzt. Die Kuhreiher wurden nach einem Fernsehfilm skizziert. Das helle Licht der afrikanischen Sonne wirft kräftige Schatten auf die Körper der Tiere und kontrastiert mit dem Dunkelblau des Kraterrandes im Hintergrund.

Um Ihnen für Ihren Zoobesuch eine Entscheidungshilfe zu geben, habe ich die dort im allgemeinen anzutreffenden Tiere einer groben Gliederung unterzogen, die eine Einteilung in sechs Abteilungen vorsieht:

1. Tropenhäuser, Exotarien und Aquarien: In tropischer oder subtropischer Atmosphäre finden wir Insekten, Lurche und Reptilien. Die Ausstattung der Anlagen mit entsprechenden Pflanzen läßt die Biotope des tropischen Regenwalds oder der Mangrove entstehen. Unterwasserlandschaften zeigen uns die Farbenpracht tropischer Gewässerfaunen.
2. Vogelhäuser: In vielen Zoos findet man in beheizten Tropenhäusern neben der tropischen Flora auch die bunte Vogelwelt, die besonders aus den kleineren Vögeln wie Kolibris, Nektarvögeln, Webervögeln und Prachtfinken besteht, aber auch größere wie Papageien, Tukane und Nashornvögel beheimatet. Die Angehörigen der übrigen Vogelwelt sind meist draußen in Volieren oder im Freigelände untergebracht.
3. Affenfelsen und -häuser: Dazu gehören die Häuser für Menschenaffen, Neuweltaffen und Lemuren sowie die Freigehege für Paviane und Gibbons.
4. Großtiergehege für Tiere mit großem Raumanspruch wie Huftiere und Elefanten.
5. Raubtierhäuser, Freianlagen für Großraubtiere, Bärenfelsen und Robbenbecken.
6. Kleintierhäuser und Freigehege für kleinere Säuger wie Nager, Beuteltiere und Kleinraubtiere.

Mit einigen Zootieren werden wir uns nun etwas näher beschäftigen.

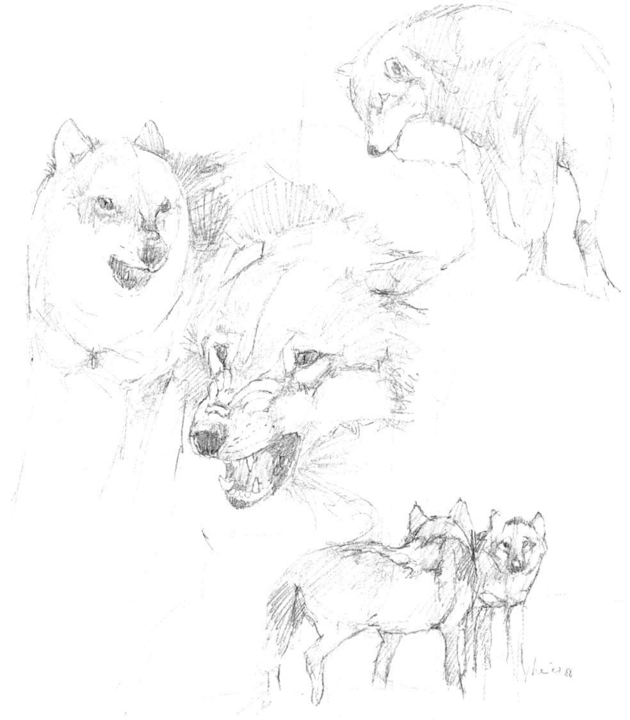

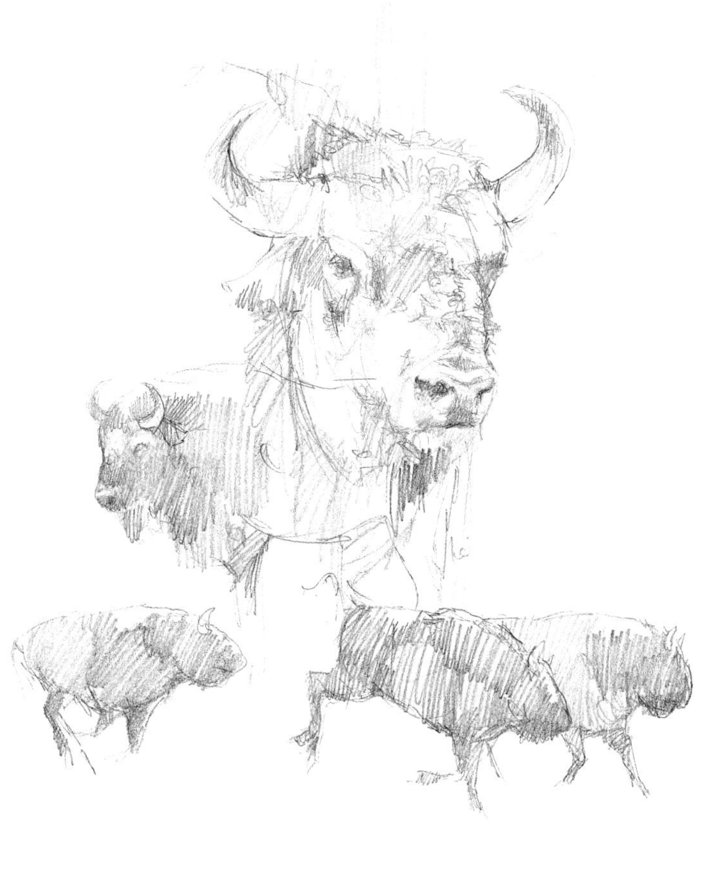

Die Übungen in diesem Kapitel beschäftigen sich mit der Aquarellskizze, die meist auf einer knappen Bleistift- oder Rötelzeichnung aufbaut. Sie ist von einem raschen Pinselstrich getragen, und in der Regel dienen Aquarellskizzen als Grundlage für die Ausarbeitung von Bildern im Studio. Bei der Arbeit am Skizzenblock, unabhängig von der Technik, muß man sich immer mit den Bedingungen arrangieren, denen man bei der Freiluftmalerei ausgesetzt ist. Hinzu kommt, daß man im Zoo selten oder so gut wie nie in ruhiger Abgeschiedenheit malen kann. Dennoch sollten Sie auf diese Form des Darstellens nicht verzichten, denn das Sehenlernen und die Übung im schnellen Umsetzen des Gesehenen sind unerläßlicher Bestandteil der Tiermalerei.

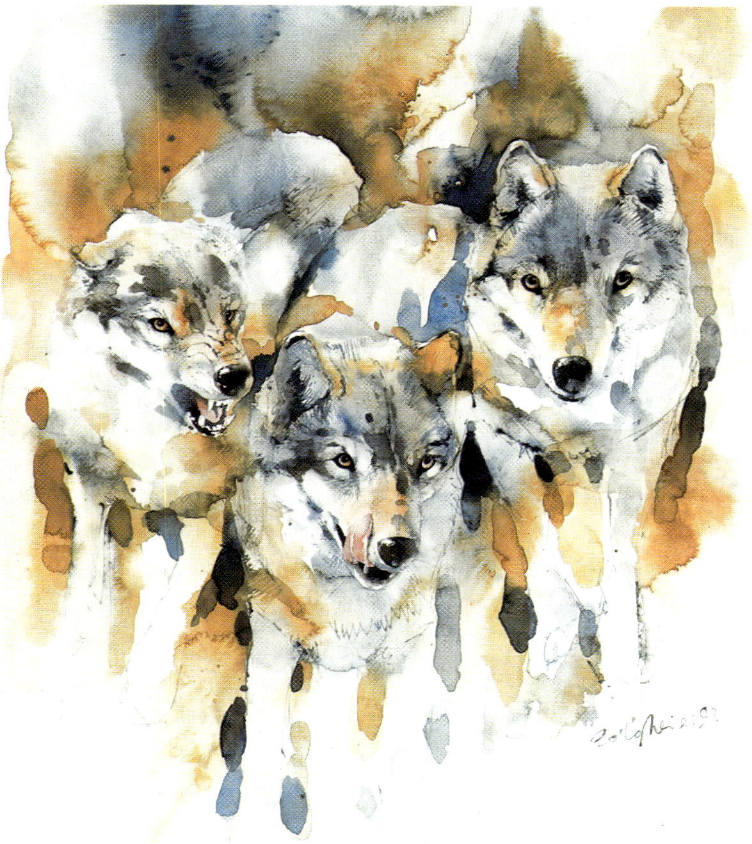

Wölfe

Mehrfach hatte ich in Zoos und Tiergehegen Skizzen von Wölfen angefertigt, um sie bei Gelegenheit in einem großen Aquarell auszuarbeiten. Da dieses jedoch ebenfalls einen skizzenhaften Charakter besitzen sollte, wurden lediglich die Gesichter der Tiere sorgfältig ausgearbeitet. Der Hintergrund und die Wolfskörper verschmelzen dagegen in den rasch aufgetragenen Farben. Eine solche Bildkomposition kann schon in den Skizzen vorgeplant werden, wenn man bereits beim Skizzieren eine klare Vorstellung vom späteren Bild hat.

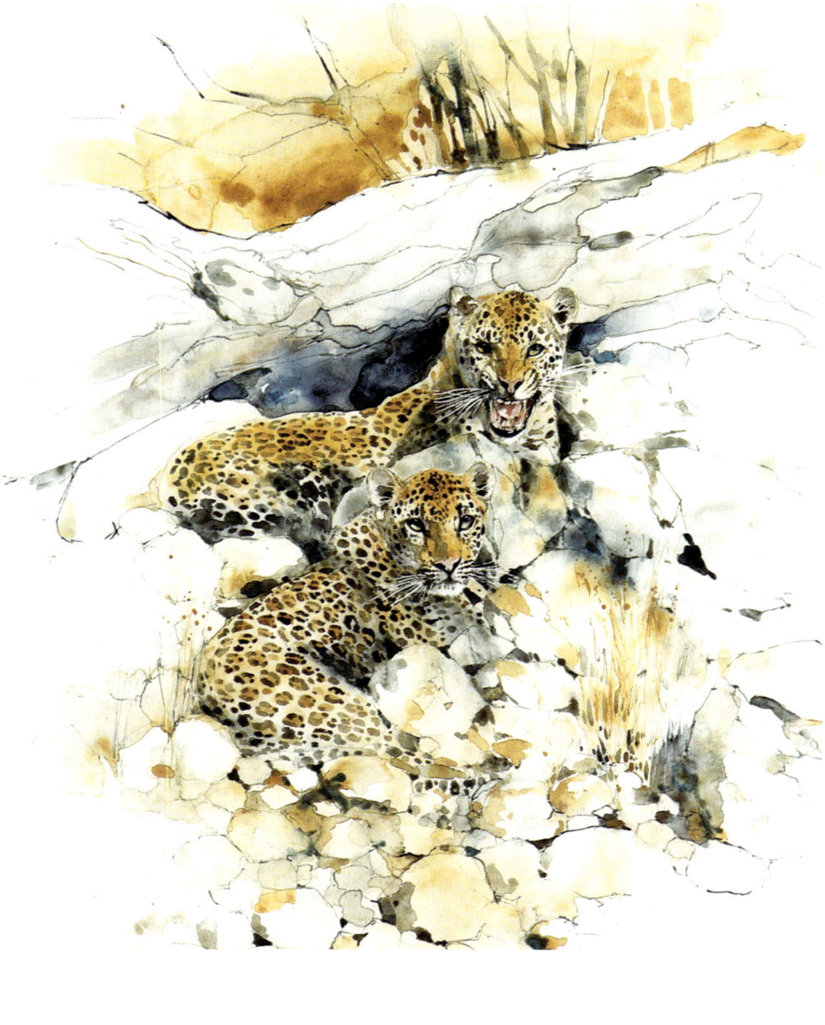

Leoparden

Die im Zoo entstandene Skizze wurde zu Hause zu einem Aquarell ausgearbeitet. Das Motiv habe ich dabei so gewählt, daß auch hier die Skizzen schon meiner Vorstellung von der Komposition und Gestaltung des später im Atelier ausgearbeiteten Bildes entsprachen.

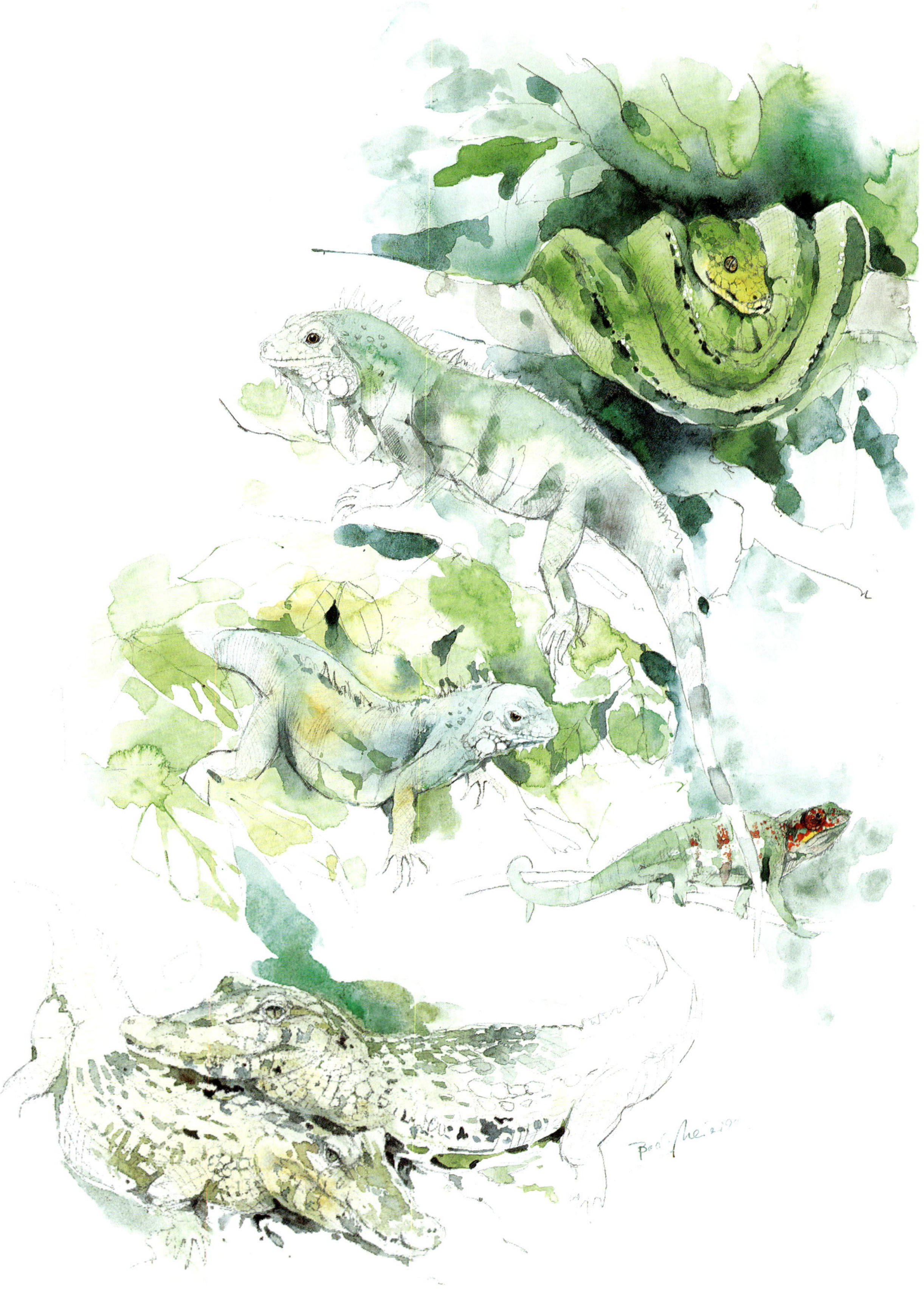

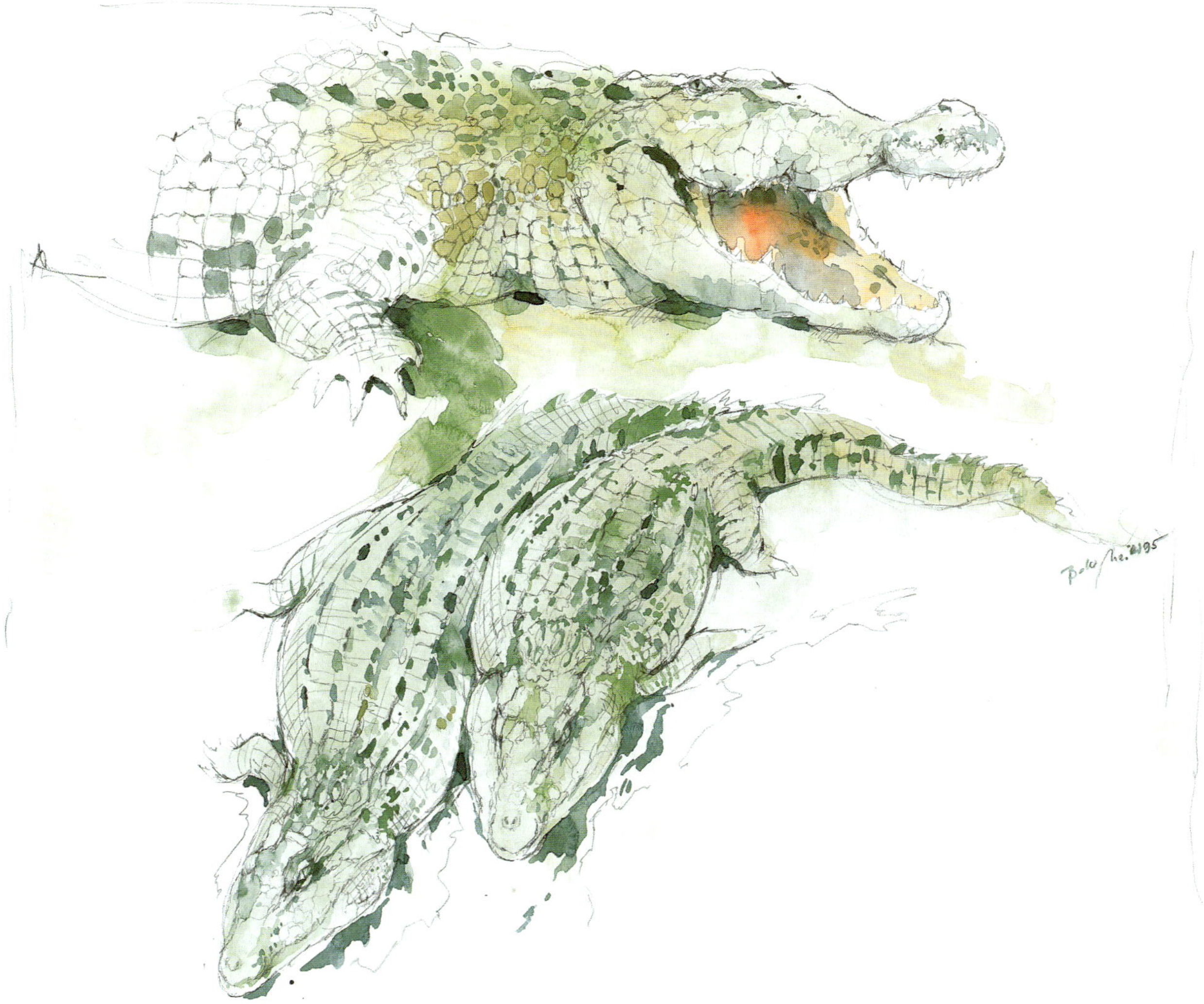

Krokodile in Aquarell
Warum nicht mal Krokodile malen? Zugegeben, man kann sich darüber streiten, ob sie Schönheiten sind, aber ganz ohne Frage sind es sehr beeindruckende Tiere. Ihre Faszination liegt vielleicht in ihrem geheimnisvollen und unergründlichen Wesen, von dem für den Menschen eine ständige und unberechenbare Bedrohung ausgeht. Zum Malen sind sie durch ihre Trägheit und ihre recht einfache Form jedoch ideal.
Die Aquarellskizze mit den drei Nilkrokodilen entstand im Kölner Zoo.
Die Körperfarbe (Chromoxidgrün und Lichter Ocker für die hellen und Indigo und Chromoxidgrün für die dunklen Partien) wurde mit großem Pinsel großzügig aufgetragen, ohne auf die Form Rücksicht zu nehmen. Mit einem etwas dünneren Pinsel wurden Schatten und dunkle Hautstrukturen eingesetzt. Dabei verstärkt der Pinselstrich die vorgegebenen Bleistiftlinien.
Eine aquarellierte Skizze erleichtert die spätere Studioarbeit, da dabei erste Farben festgelegt werden können. Bei der Arbeit direkt vor dem lebenden Objekt ist es zudem leichter, die Farbtöne festzulegen, die der Originalfärbung des Tieres am ehesten entsprechen. Günstig ist es dabei, auf einem Stück weißen Papier eine Mischprobe anzufertigen, die beschriftet sein sollte, damit man den entsprechenden Farbton später erneut ausmischen kann. Die Notiz sollte sowohl die verwendeten Farben wie auch das Mischungsverhältnis der Kombination (zum Beispiel ca. 3 Teile Phthalogrün, 2 Teile Indischgelb) beschreiben. Neben den unglaublichen Kombinationsmöglichkeiten, die unser Farbkasten auch bei einer bescheidenen Ausstattung bietet, werden weitere Farbnuancen durch Helligkeitsabstufungen gewonnen. Tonwerte in Richtung Hell werden jedoch nicht durch Zugabe von Deckweiß, sondern durch Verdünnen der Farbe mit Wasser erzielt. Tonwerte in Richtung Dunkel erhalten sie durch eine Konzentration der Farbanteile oder auch durch das Beimischen dunkler Farbtöne (zum Beispiel Indigo oder Echtgrün oliv).

Links sehen Sie einige Beispiele aus der Familie der Reptilien: oben ein Grüner Baumpython aus dem Regenwald Neuguineas, darunter zwei mittelamerikanische Grüne Leguane, rechts ein Pantherchamäleon aus Madagaskar und zwei Brillenkaimane aus dem Amazonasgebiet.

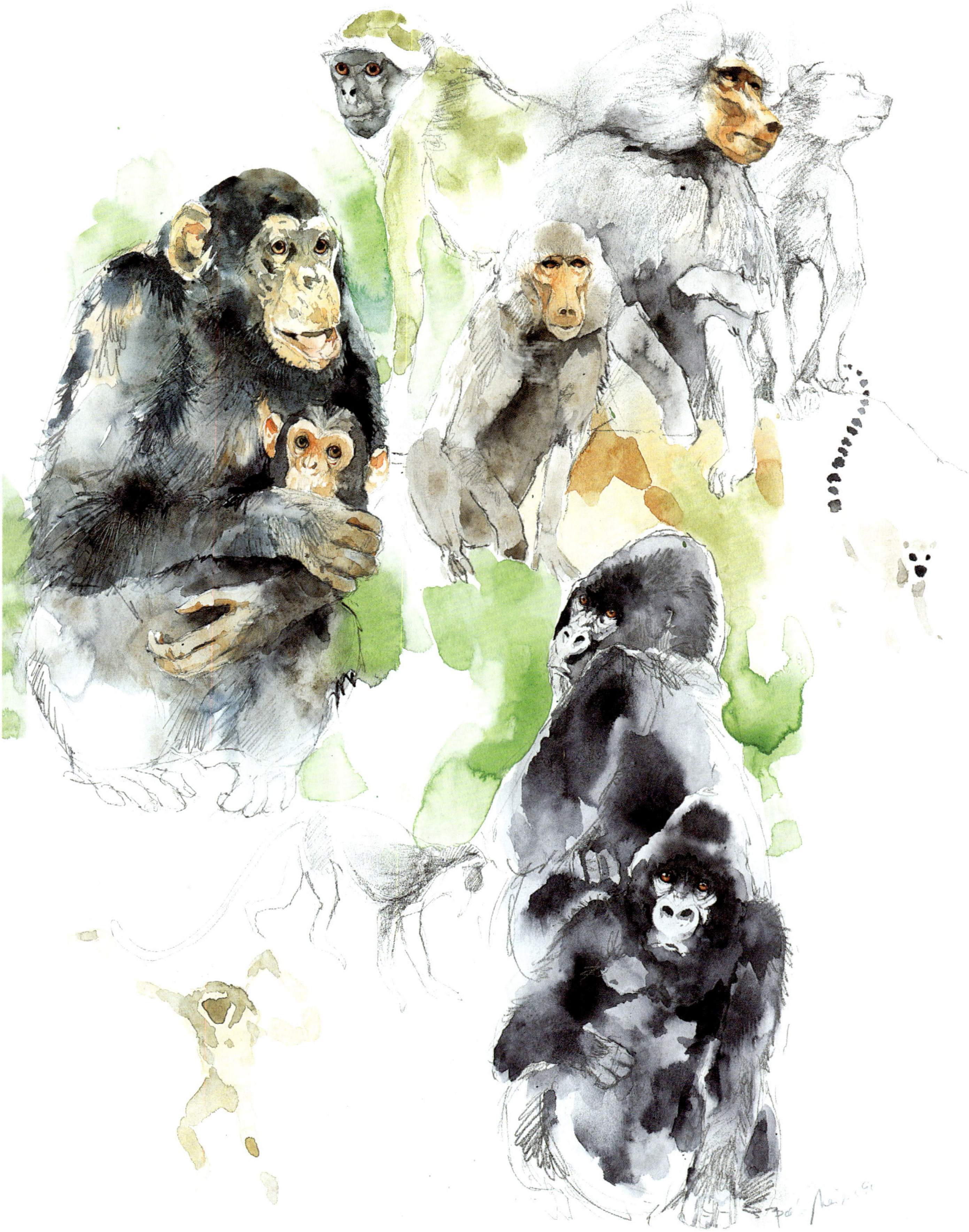

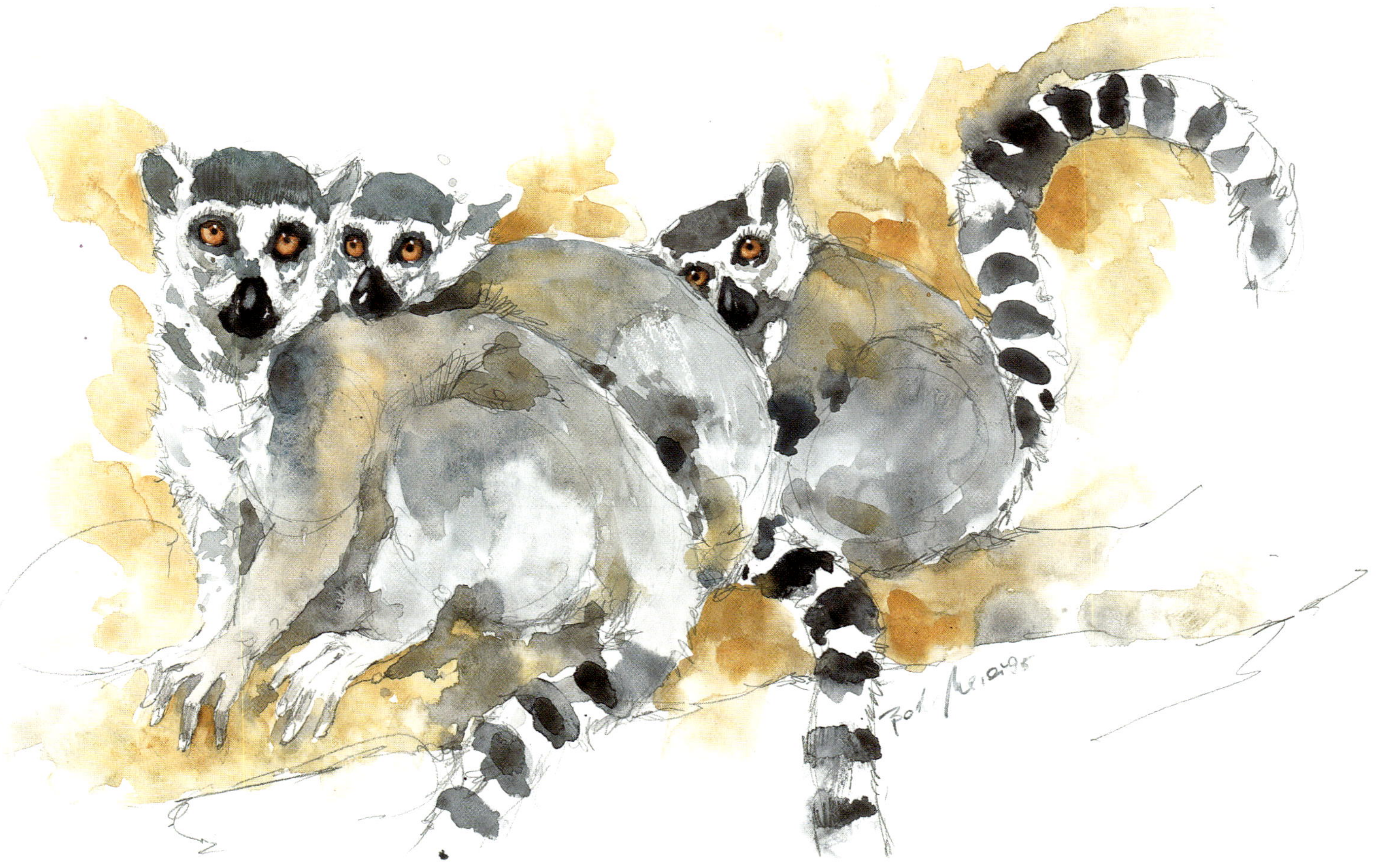

Im Affenhaus

Wann immer ich mit meinen Malkursteilnehmern den Zoo besuche, muß ich feststellen, daß es gar nicht so einfach ist, Affen zu malen. Zunächst die äußeren Bedingungen: Die Gebäude sind meist hoffnungslos überfüllt; eine Malgruppe, die ja notgedrungen sitzt, hat kaum eine Chance, die Motive jenseits der Glasscheibe beobachten zu können. Dann sind Affen ja ohnehin alles andere als ruhige „Mitarbeiter". Immer in Bewegung, geht es hin und her, rauf und runter; wer noch nie Affen gemalt hat, kommt kaum zum Zuge und wird bald verzweifeln.

Die Aquarellskizze oben zeigt Kattas und entstand in dem Lemurenhaus im Kölner Zoo. Diese auffälligen Halbaffen leben in den trockenen Galeriewäldern im südlichen Madagaskar, der Heimat vieler Lemuren. Das Grau ihres Felles wurde aus einer Mischung von Ultramarinblau und Siena gebrannt gestaltet. Die dunklen Partien der eindrucksvollen „Maske" wurden mit Paynesgrau gemalt.

Das Bild links zeigt verschiedene Mitglieder der großen und verzweigten Familie der Affen, u. a. Gorillas, Schimpansen, Mantelpaviane und Meerkatzen.

Dennoch, es gibt Möglichkeiten. Warten Sie eine ruhige Zeit zum Malen ab, zum Beispiel ganz früh, kurz nach dem Öffnen oder möglichst spät, kurz vor dem Schließen des Zoos. Für eine kleine Aquarellskizze braucht man nicht viel Zeit. Und darin liegt ja auch ihr eigener Reiz: Form und Farbe bilden eine Einheit, die besonders durch spontanes Malen entsteht, und die dann in der konzentrierten Studioarbeit aufgenommen werden kann. Aquarellskizzen tragen zwar auch die Schwächen der schnellen Arbeit, aber der Übungseffekt ist sehr wertvoll. Es kommt bei der Skizze noch nicht darauf an, alle Details (Gesicht, Hände, Körperhaltung usw.) genau zu erfassen, sondern Sie müssen lernen, zu beobachten und mit großzügigen Strichen die charakteristischen Formen des jeweiligen Tieres einzufangen. Sie müssen aber auch lernen, sich Fehler zu gestatten und Schwächen im Bild zu dulden. Je öfter Sie malen und zeichnen, desto geläufiger werden Ihnen die Formen. Viele Details nehmen Sie erst nach einigen Wiederholungen wahr. Der Farbauftrag ist Bestandteil der Skizze. Achten Sie darauf, daß Sie auch hier die Farben schnell und locker naß in naß auf das Blatt setzen, ohne sie ineinander zu vermalen!

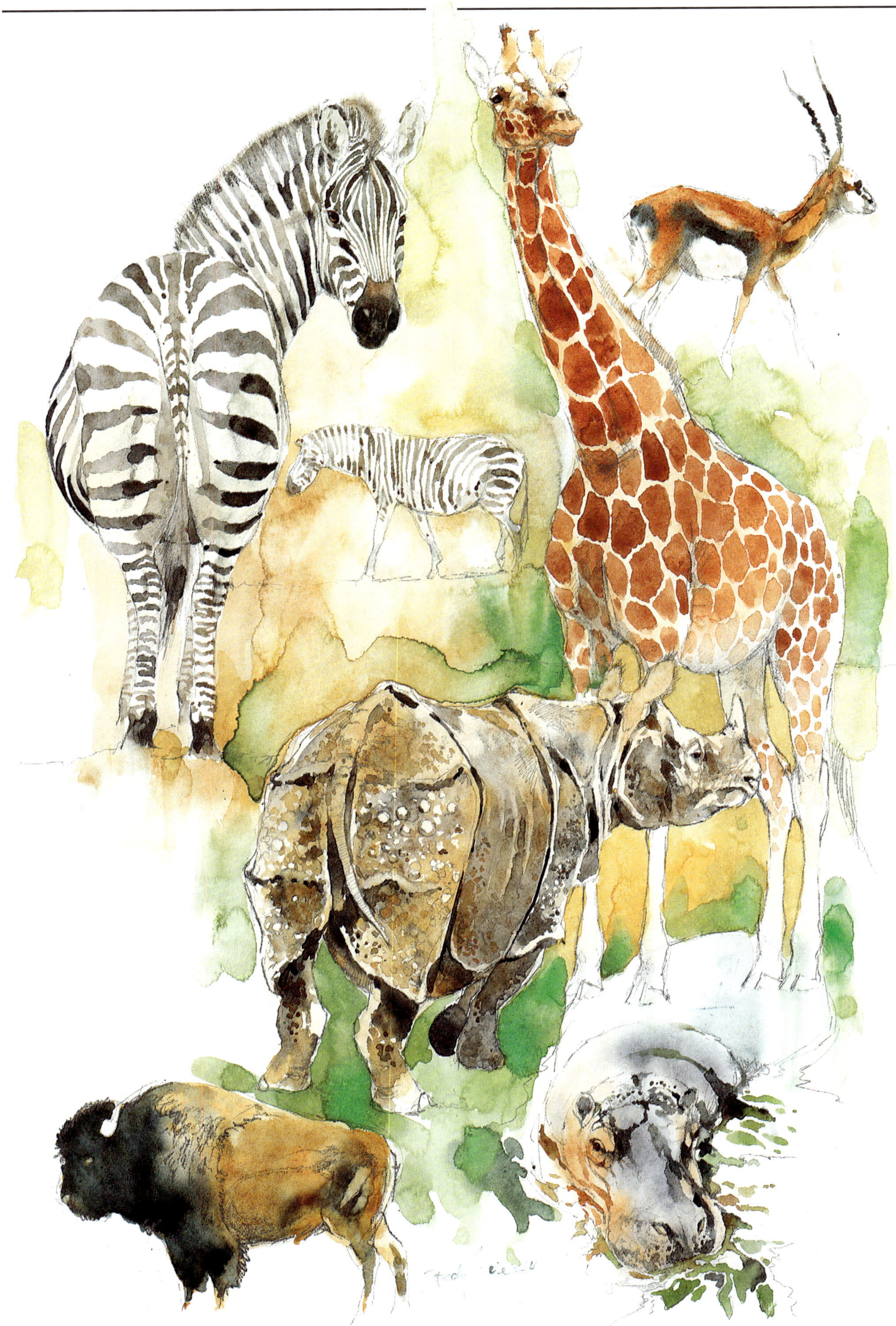

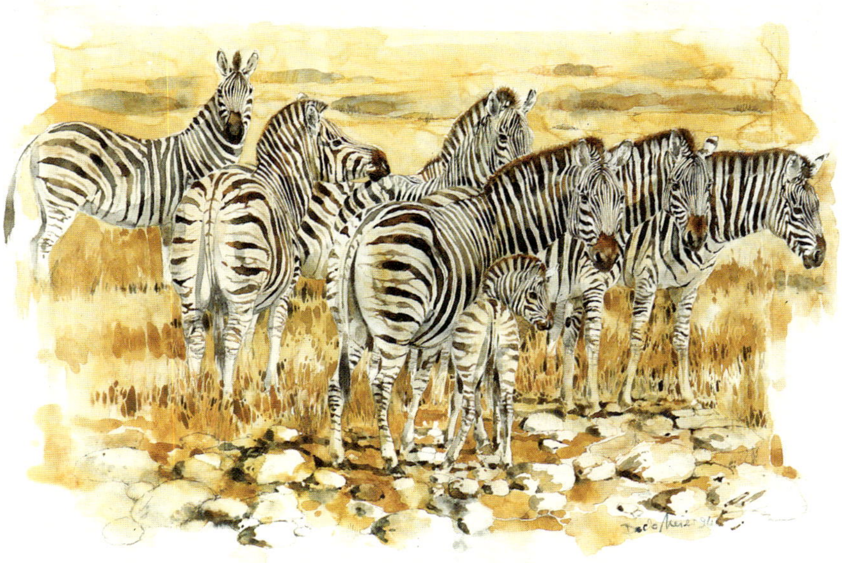

Damara-Steppenzebras aus dem zentralen Südafrika
In vielen Zoos kann man diese südliche Spielart der Steppenzebras finden. Die Skizzenvorlage zu diesem Bild entstand im Kölner Zoo. Auffallend ist die deutlich blassere Zeichnung im Vergleich zu ihren Verwandten in Ostafrika.

Huftiere im Freigehege
Die zahlreichen Huftierarten, denen wir im Zoo begegnen, tragen gemeinsame Merkmale, weisen aber auch Unterschiede auf, die wir bei der Auswahl unseres Motivs berücksichtigen müssen. Sie finden schlanke, grazile Formen wie Antilopen, Rinder, Hirsche, Kamele, Zebras und Giraffen, aber auch massige, plumpe Formen wie Flußpferde, Nashörner und Elefanten. Im allgemeinen gilt auch hier, daß die Letztgenannten sich für den Anfänger wegen ihres kompakten Körpers zum Malen besser eignen als die hochbeinigen Formen. Wer aber schon einige Erfahrung in der Darstellung von Pferden hat, kann sich einmal an einem Vertreter dieser Gruppe versuchen. Mir haben es besonders die Zebras angetan, die in eindrucksvollen Herden die Steppen Afrikas durchstreifen.
Die auf Seite 62 oben und rechts dargestellten Zebras sind Grant-Steppenzebras. Die Streifen laufen im hinteren Rumpfabschnitt in breiten Bändern über die Oberschenkel bis zur Schwanzwurzel und zur Beininnenseite. Bei den südlichen Rassen sind die Beine nahezu ungestreift, und zwischen den Hauptstreifen befinden sich hellere Schattenstreifen (oben).
Behandeln Sie das Zebra beim Malen zunächst wie ein weißes Tier (siehe Seite 43 und 52), und setzen Sie in den Bleistiftumriß die hellgraue oder graubraune Körperschattierung. Durch das Zusammenspiel von Licht und Schatten wird die plastische Form herausgearbeitet. Die Anlage der Streifen folgt wie ein Muster aus geographischen Feldlinien den Konvexwölbungen des Körpers.

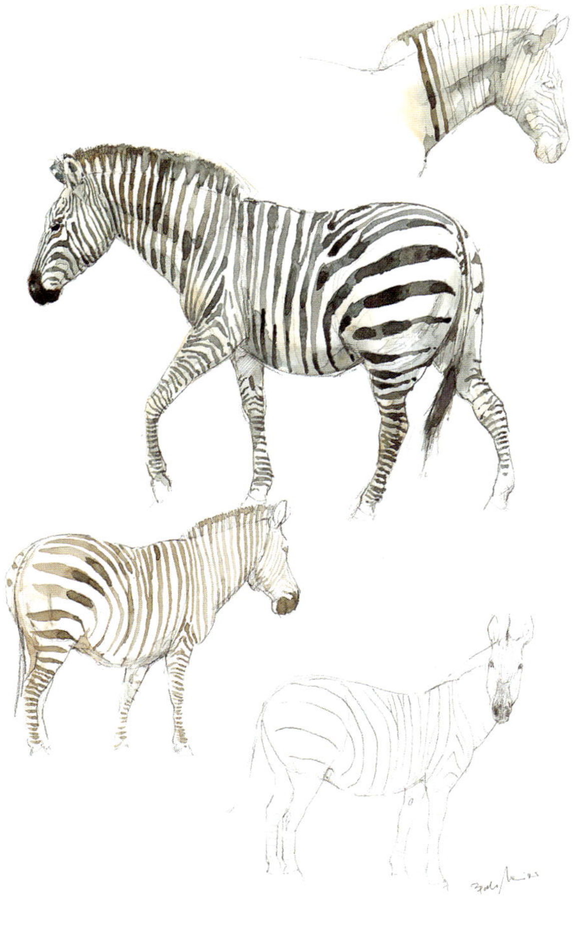

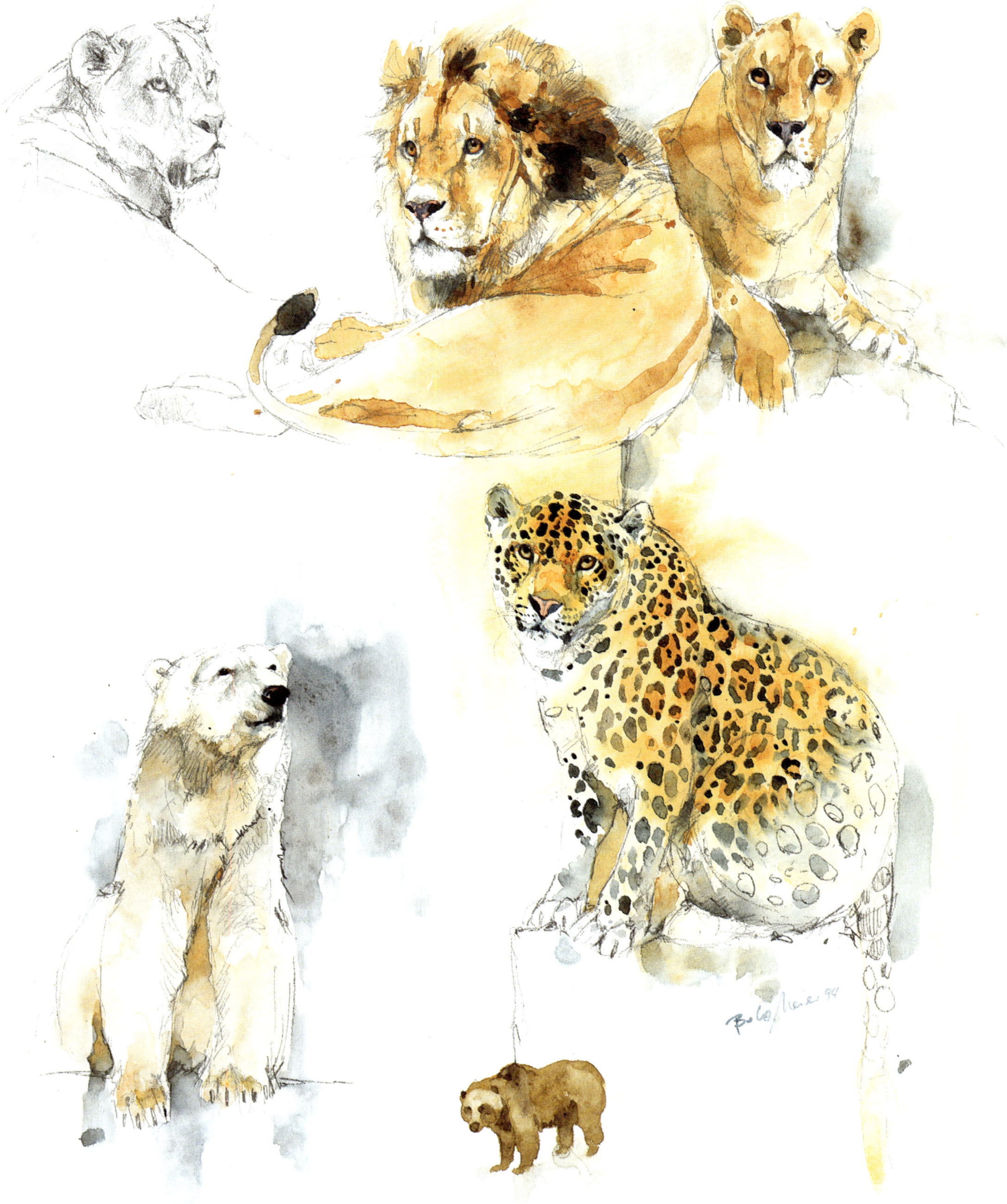

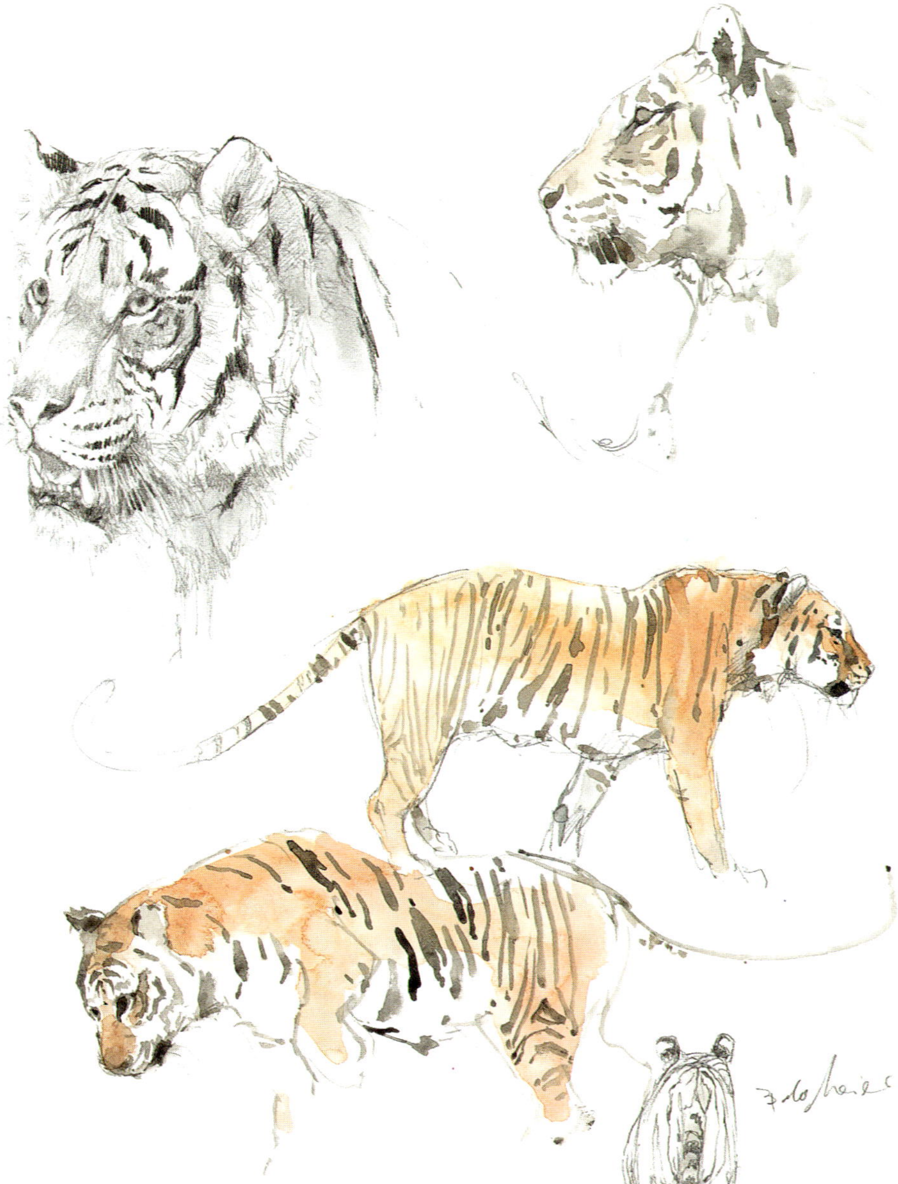

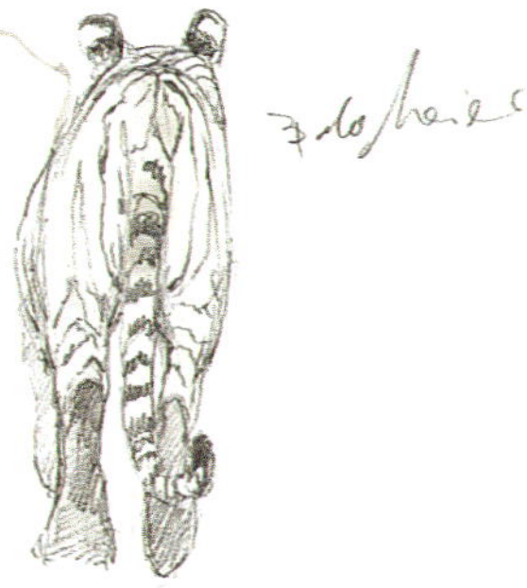

Im Raubtiergehege

Die Raubtiere, Löwen, Tiger und Panther, die wir heute wertfreier als Greifsäuger bezeichnen, waren meine ersten Motive. Ihre verhaltene Wildheit, Kraft und Geschmeidigkeit haben mich immer begeistert. Neben den Katzen gehören übrigens auch die Hunde, Bären, Marder, Schleichkatzen und Robben zu dieser Gruppe, und der Name „Panther" bezieht sich keineswegs nur auf den sogenannten Schwarzen Panther, der ja nur ein Farbspiel des gefleckten Leoparden ist, sondern auf alle Großkatzen der Gattung „panthera", also neben dem Leoparden auch auf Tiger, Löwe und Jaguar. Vorbei sind glücklicherweise die Zeiten, wo sie hinter Gitterstäben in unermüdlichem Hin und Her die Maße ihrer Käfige abschritten. Heute können wir sie in geräumigen Gehegen hinter Glaswänden beobachten und malen.

In der Abbildung links habe ich zwei Vertreter der Großkatzen dargestellt, nämlich oben die Löwen und darunter den Jaguar. Diese südamerikanische Großkatze hat ähnlich wie der Leopard rosettenartige Flecken, die aber größer sind und in ihrem Innenhof ein oder mehrere Punkte tragen. Eisbär und Braunbär schließen das Bild ab.

Die Bleistiftskizze bildete auch in dieser Komposition die Grundlage für die weitere Ausarbeitung mit Farbe. Der Pinsel wurde sehr naß auf das trockene Papier über die Bleistiftskizze gesetzt. Der Vorteil bei dieser Vorgehensweise ist, daß die schwierige Vorarbeit, die richtige Form zu zeichnen, bereits abgeschlossen ist und man sich nun beim Kolorieren ganz auf die Farbwerte konzentrieren kann. Verzichten Sie zu Beginn auch auf eine genaue Ausarbeitung von Hintergrund und Details. Diese Feinarbeiten sollten erst ganz zum Schluß in Angriff genommen werden.

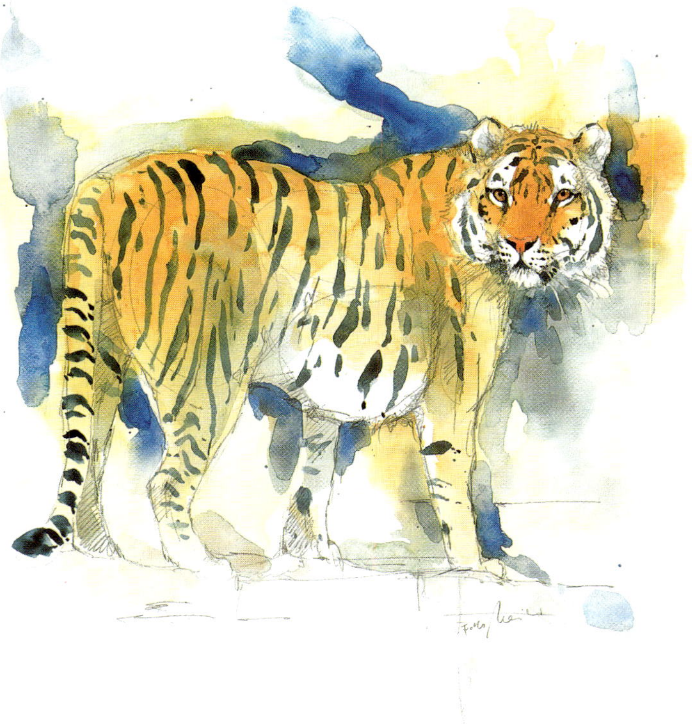

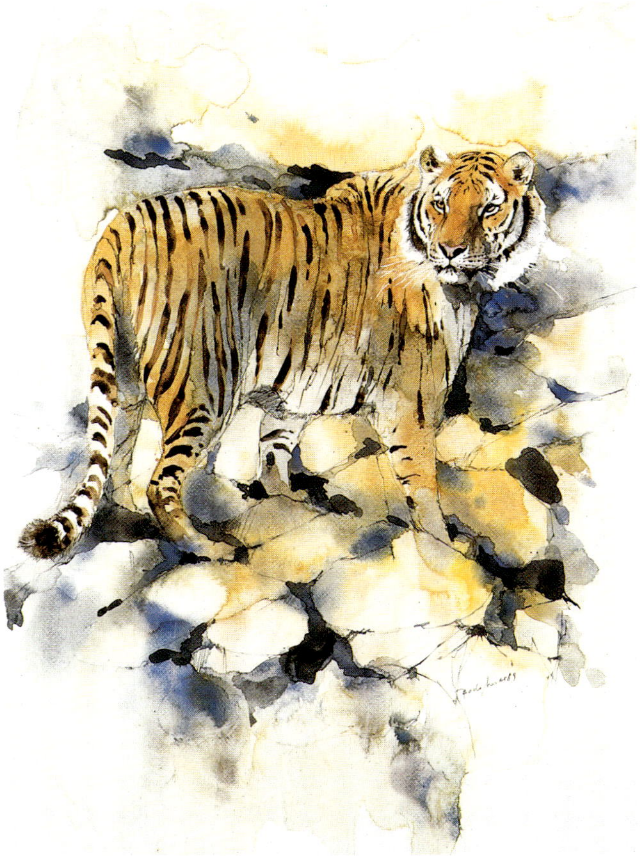

Sibirischer Tiger –
Zooskizze und ausgearbeitetes Aquarell
Obgleich von der Anatomie her gesehen fast identisch, weisen Löwen und Tiger in ihrem Äußeren merkliche Unterschiede auf. Abgesehen von der mehr oder weniger stark ausgeprägten Mähne der männlichen Löwen haben diese eine kurze, glatt anliegende, einfarbige Behaarung. Jungtiere und manchmal auch Löwinnen tragen besonders an Bauch und Flanken dunkle Tupfen. Das Fell des Tigers hingegen ist weniger glatt und von auffallendem Rostgelb, welches in scharfem Kontrast zu dem Weiß von Brust, Bauch und Beininnenseiten steht. Der Kontrast wird besonders im Gesicht deutlich: zwei halbmondförmige Bögen über den Augen, scharf abgegrenzte Linien unter den Augen, Schnauze, Kinn und der besonders beim Kater kräftige Backenbart sind weiß. Die Streifung entspringt entlang der vom Scheitel bis zur Schwanzspitze verlaufenden Rückenlinie und bedeckt das Fell in unregelmäßigen, mal breiten, mal schmalen Längsstreifen über Rumpf und Flanken. Lediglich die Füße vom Fersenbein abwärts und der Schwanz sind geringelt.

Oben links die Zooskizze eines Sibirischen Tigers und rechts das später zu Hause ausgearbeitete Bild. Diese Skizze entstand direkt vor dem Käfig. Raubkatzen wandern oft in ihrem kleinen Gehegerevier auf und ab. Diese sich wiederholende Bewegung gibt Ihnen die Möglichkeit, die einzelnen Bewegungsphasen genau zu studieren. Das Erfassen der Form erfolgte wiederum durch eine leichte, kreisende Bleistiftlinie, wobei in knapper Linienführung die wesentlichen Merkmale, Körper- und Kopfhaltung sowie Perspektive erarbeitet wurden. Störende, überflüssige oder falsche Linien können ausradiert werden.
Bevor Sie jedoch das Tier in der Bewegung darstellen, ist es sicherlich einfacher, es in ruhender Position zu skizzieren. Die Körperformen sind weniger komplex, und Sie werden nicht durch den Bewegungsablauf abgelenkt. Studieren Sie dabei zugleich das Typische der jeweiligen Tiergruppe. Sie können auf diese prototypischen Formen dann für die Bewegungsstudien immer wieder zurückgreifen. Für die Darstellung von Bewegung ist das Wissen um charakteristische Grundformen fast unerläßlich. Studieren Sie dann die einzelnen Phasen der Bewegung aus verschiedenen Positionen und skizzieren Sie Details. Der hier gewählte Blickwinkel zum Beispiel ist schräg von hinten und beschreibt den Tiger bei seinem gemächlichen Gang in seinem Gehege.

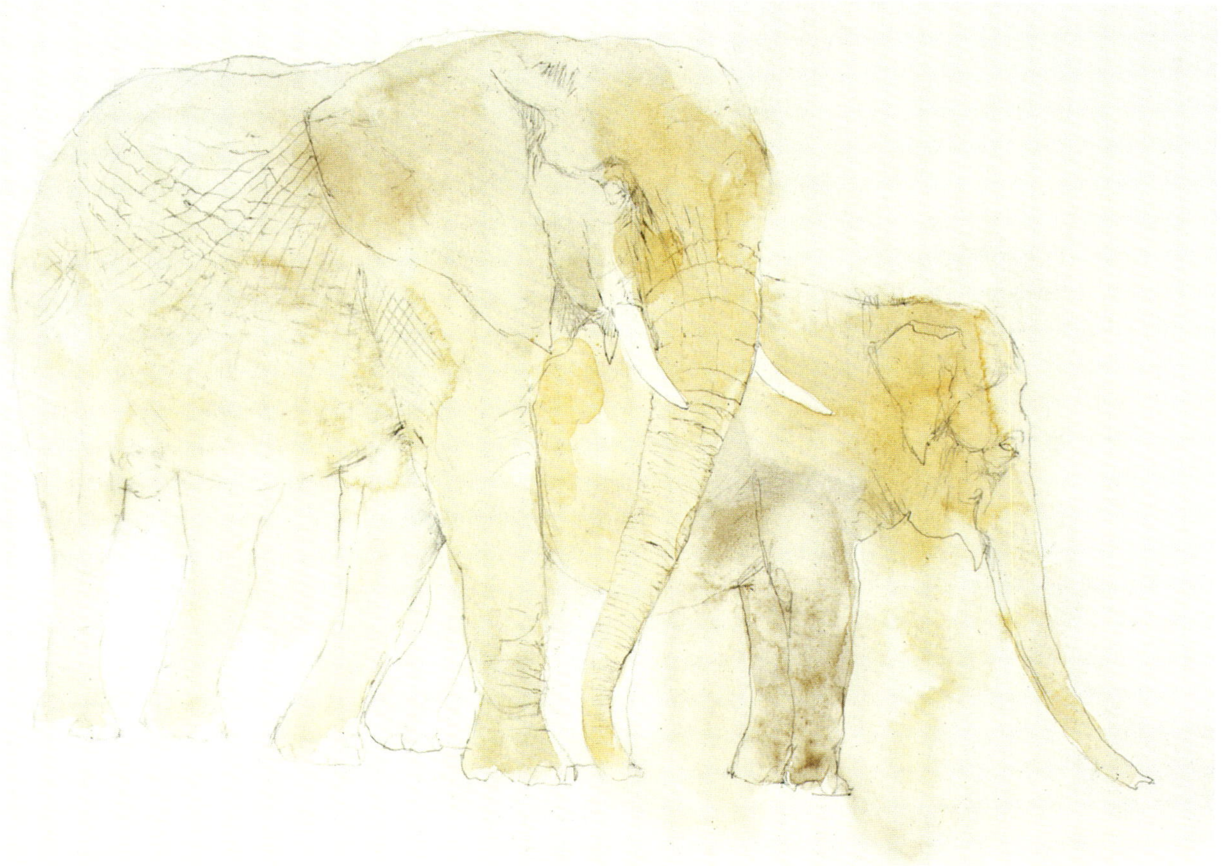

Elefanten - ein Aquarell in drei Schritten
Elefanten sind immer ein dankbares Motiv. Unter den Großtieren (und sie sind ja nun mal die größten) bereiten sie dem Maler die geringsten Schwierigkeiten. Ihre kompakte Figur, die säulenförmigen Beine, die auffälligen Ohren, Gesicht und Rüssel sind Elemente, die dem Tiermaler sehr entgegenkommen. Achten Sie nur darauf, daß Sie die Tiere im Halsbereich nicht zu schmal zeichnen; dies ist ein relativ häufiger, aber vermeidbarer Fehler!
Die beiden Elefanten wurden im Kölner Zoo gemalt. Elefanten gehören zu einer eigenen Ordnung der Huftiere, den Rüsseltieren. Die beiden heute noch lebenden Vertreter sind der afrikanische und der indische Elefant, die sich in einigen äußerlichen Merkmalen erheblich voneinander unterscheiden. Der Afrikaner ist deutlich größer und hat riesige, halbmondförmige Ohren und eine flache, ungeteilte Stirn; beide Geschlechter tragen Stoßzähne. Der Inder hat kleinere, lappenförmige Ohren und eine zweihöckrige Stirn. Auch das Rüsselende und die Körperformen sind verschieden. Die Inder weisen oft auffallende, helle Pigmentmale an den Ohren, Rüssel und Backen auf. Im Beispiel oben ist vorne der afrikanische und dahinter der indische Elefant zu sehen. Die Größenunterschiede liegen dabei nicht nur im Größenverhältnis der beiden Tiere, sondern auch in der Perspektive begründet.

Schritt 1
Nach dem Anlegen der Bleistiftskizze wird das gesamte Blatt angefeuchtet und auf die vorgegebene Form Siena natur mit etwas Siena gebrannt aufgetragen. Ein wenig Umbra gebrannt, besonders an den Beinen, ergänzt den ersten Farbauftrag. Wichtig ist, daß schon in der Vorskizze die Hautstrukturen, speziell am Rüssel, den Beinen und dem Hinterleib, angelegt werden.

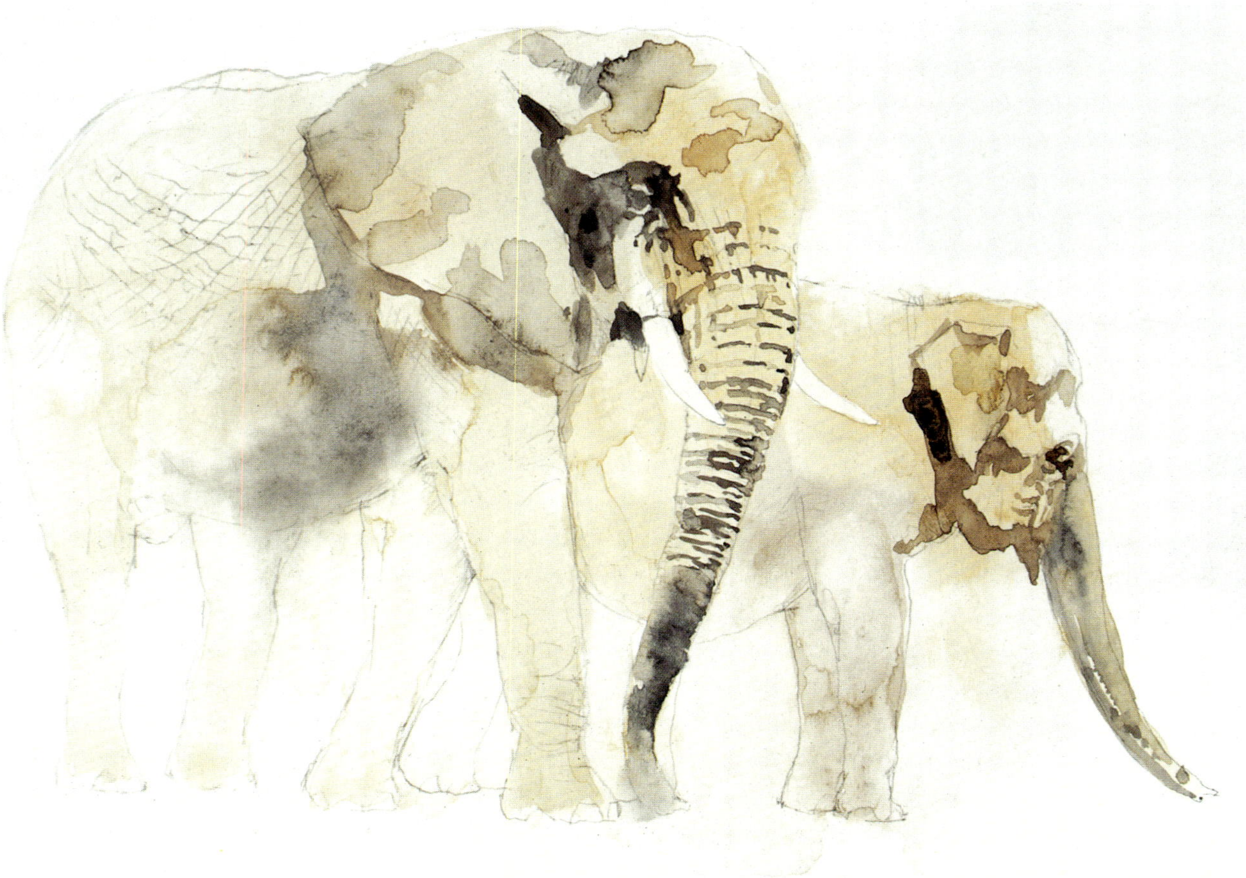

Schritt 2
Nach dem Trocknen der ersten Farbschicht wird die Farbgebung mit Sepia und Siena gebrannt intensiviert. Legen Sie mit einem feinen Pinsel (Gr. 1) Schatten und Hautfalten an. Da mit der Vorskizze eine gute Grundlage für das Bild vorhanden ist, ist die weitere farbliche Ausarbeitung relativ leicht: Folgen Sie einfach mit dem Pinsel der Lineatur des Bleistifts.

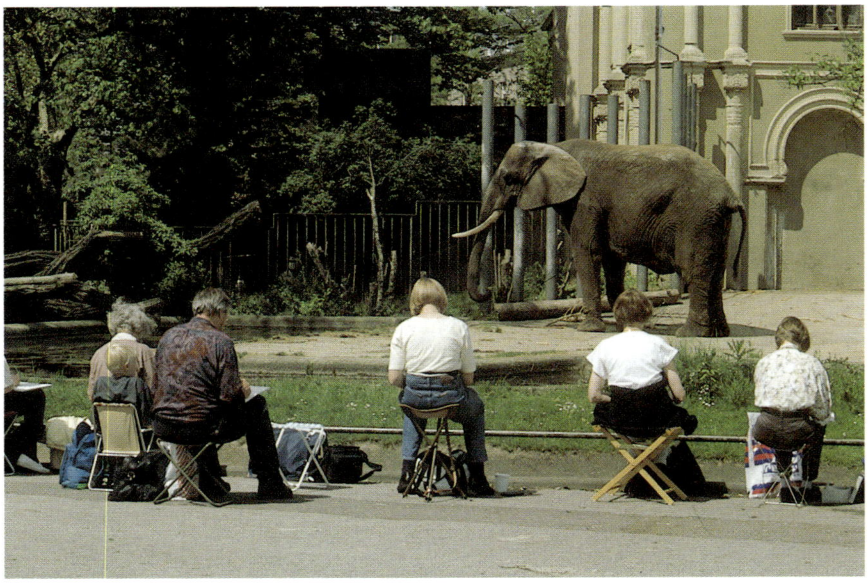

Das Gemeinschaftserlebnis in der Malgruppe ist nicht nur für den Anfänger eine große Hilfe. Man kann sich untereinander helfen, auch dann, wenn die Gruppe in ihrem Niveau nicht homogen ist.
Das Foto entstand vor dem Elefantenhaus im Kölner Zoo. Dieses Gebäude wurde im vergangenen Jahrhundert im maurischen Stil erbaut.

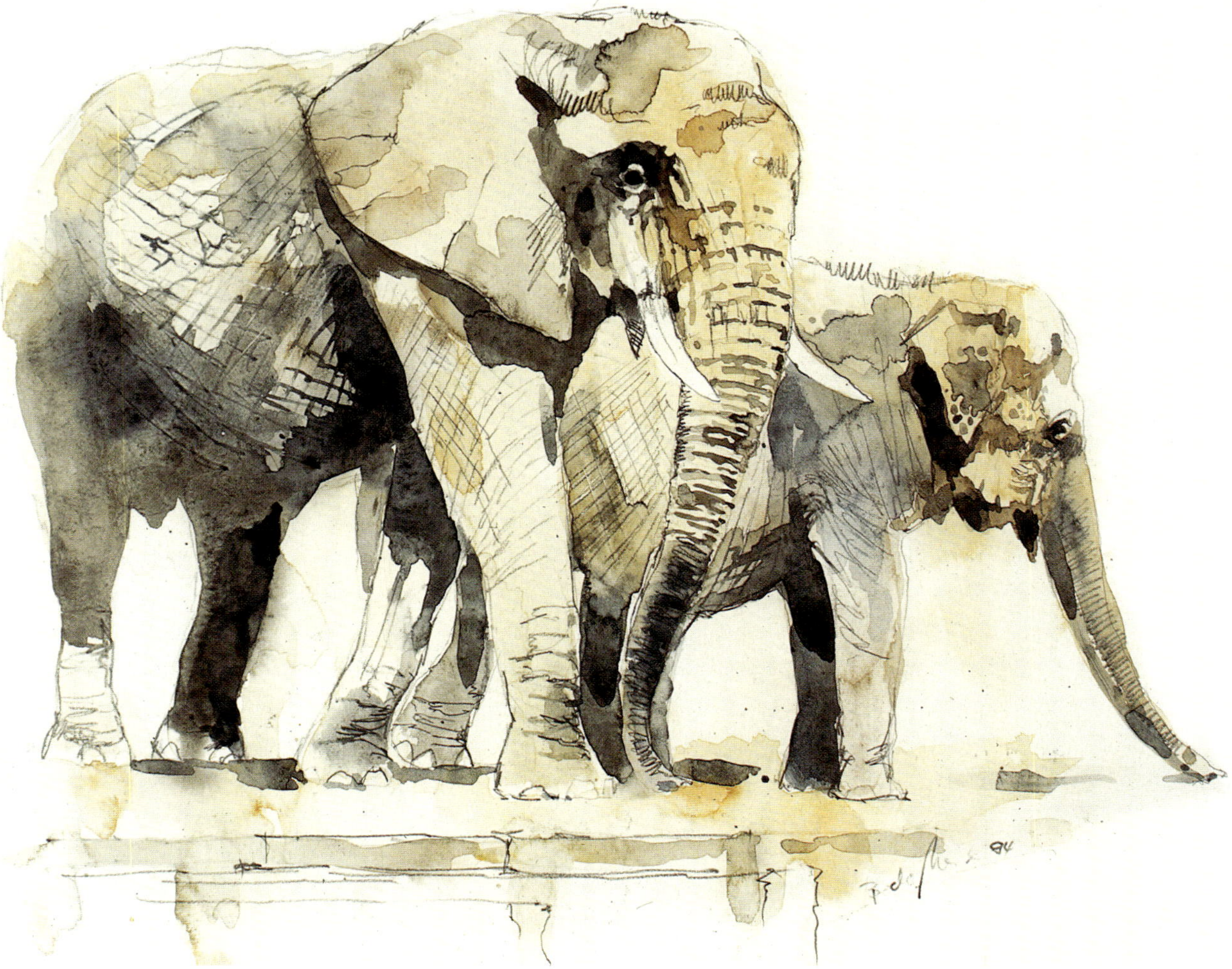

Schritt 3
Da es in diesem Beispiel nur darum geht, eine Zooskizze als Erinnerung und Vorlage für zu Hause anzufertigen, sollten Sie an das Aquarell keine Ansprüche stellen, die über das Maß, welches wir an eine Bleistiftskizze anlegen, hinausgehen. Zunächst kommt es also nur auf die Form der Tiere an, Details wie zum Beispiel die Ausarbeitung des Hintergrundes können vorerst vernachlässigt werden.
Gehen Sie bei dem Rest der Körper wie in Schritt 2 vor. Beachten Sie die Bereiche von Licht und Schatten. Der afrikanische Elefant wird schräg von vorne von der Sonne beschienen. Bauch und Hinterbeine liegen dabei völlig im Schatten. Zur Verstärkung dieser Bereiche können Sie den Brauntönen Indigo beifügen. Die starken Schatten an Beinen, Bauch, hinter den Ohren und unter den Augenbrauenwülsten werden zum Abschluß besonders akzentuiert.

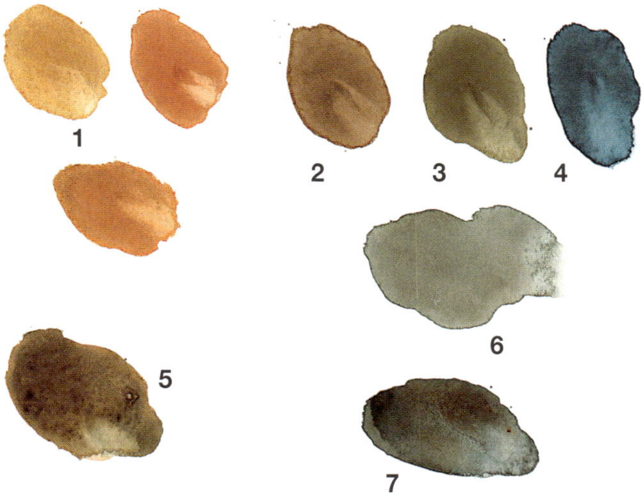

Farbskala
1 Siena + Siena gebrannt, **2** Umbra gebrannt, **3** Sepia, **4** Indigo, **5** Umbra gebrannt + Sepia + Indigo, **6** Siena gebrannt + Sepia, **7** Siena gebrannt + Sepia + Indigo

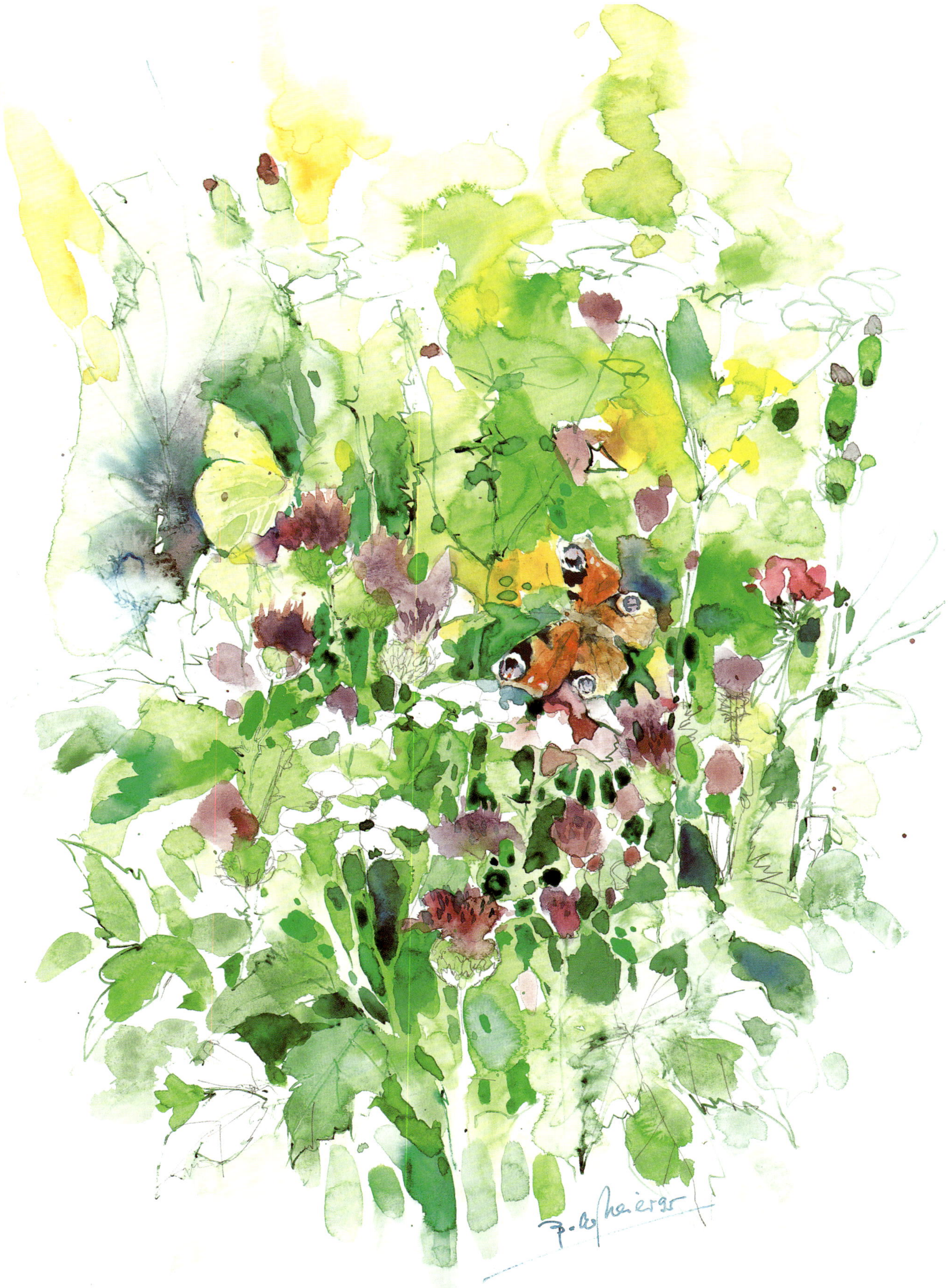

Die kleine Welt am Wegesrand

Die Begegnung und die künstlerische Auseinandersetzung mit dem Tier und der Natur muß sich nicht notwendigerweise auf die anschaulichen und auffälligen Großtiere und Vögel beschränken. Auch die kleine Welt der weniger spektakulären Geschöpfe, kann eine Herausforderung für den Maler darstellen. Ja, gerade bei ihnen sind die Erscheinungs- und Lebensformen außerordentlich abwechslungsreich, voller Schönheit und Spannung. Dieser Kosmos spielt sich meist auf einer Ebene ab, die sich der unmittelbaren Anschauung entzieht. Dabei bedarf es bei diesen Tieren keiner langen Wege und aufwendiger Safaris, um sie malen zu können: Schutt- und Kiesplätze in der Stadt, Brachflächen und Unkrautfluren, Wege und Wegränder, Hecken, Gärten, Gebüsche, Blumenwiesen, Waldränder und Ackerraine, Auen, Feuchtwiesen entlang der Bäche, Tümpel und Teiche sind die kleinen Biotope, die uns Motive und reichhaltigen Stoff zum Malen bieten. Unter den größeren Tieren finden wir Hase und Kaninchen, zahlreiche Nager wie Mäuse, Bilche und Eichhörnchen, Insektenfresser wie Igel, Maulwurf und Spitzmaus, oder die kleinen Greifsäuger Marder und Iltis. Da sind Rebhühner, Turmfalken und die bunte Schar der Singvögel; Eidechse und Ringelnatter als Vertreter der Reptilien und die Lurche wie Gras- und Laubfrosch, Erdkröte und Salamander. Da gibt es aber auch die unglaubliche Fülle der Wirbellosen, als prominenteste Gruppe die Insekten und Spinnen. Wahre Schönheiten sind darunter, farbenfrohe und buntschillernde Käfer und die anmutigen Schmetterlinge. Öffnen Sie die Augen für diese kleine Welt. Gehen Sie die Einladung ein, an einem Sommertag auf einer blühenden Blumenwiese zu sitzen und zu malen, den würzigen Duft des Wiesenkerbels und anderer Kräuter zu riechen, und sich vom Gesumm der Fliegen, Hummeln und Bienen begleiten zu lassen.

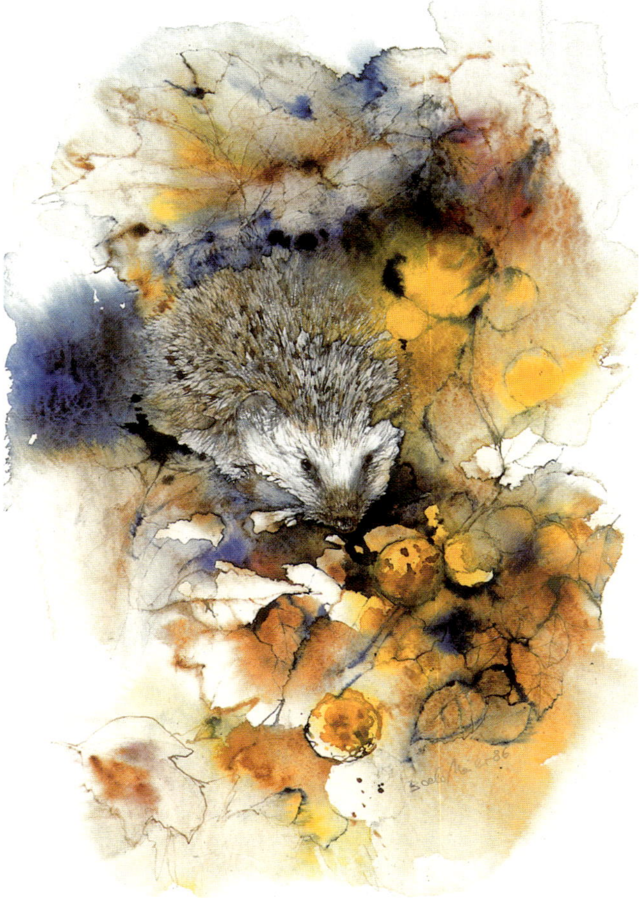

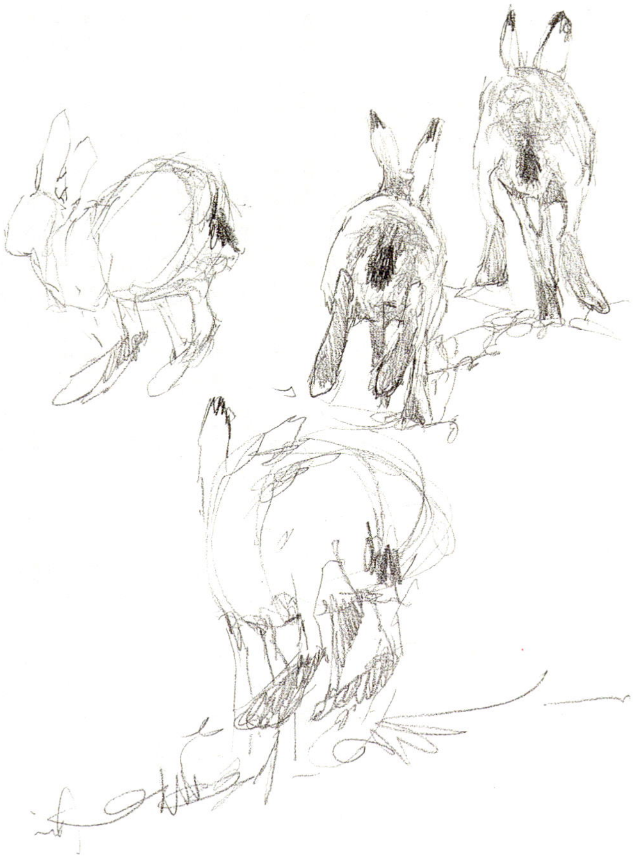

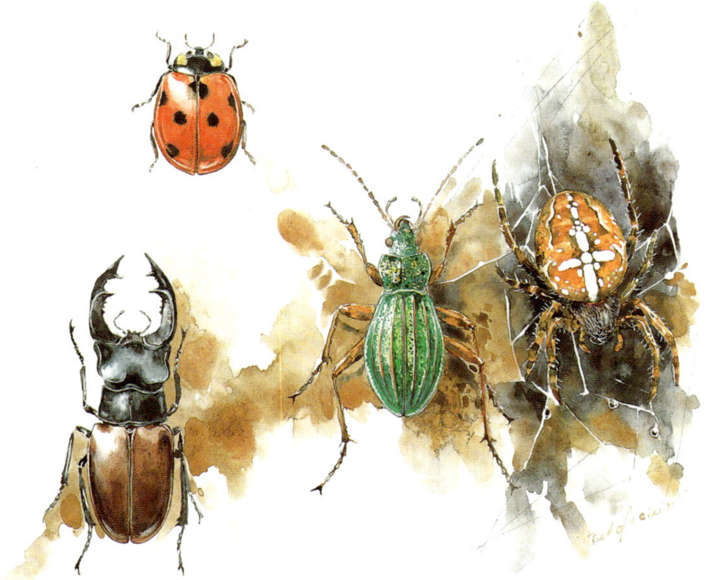

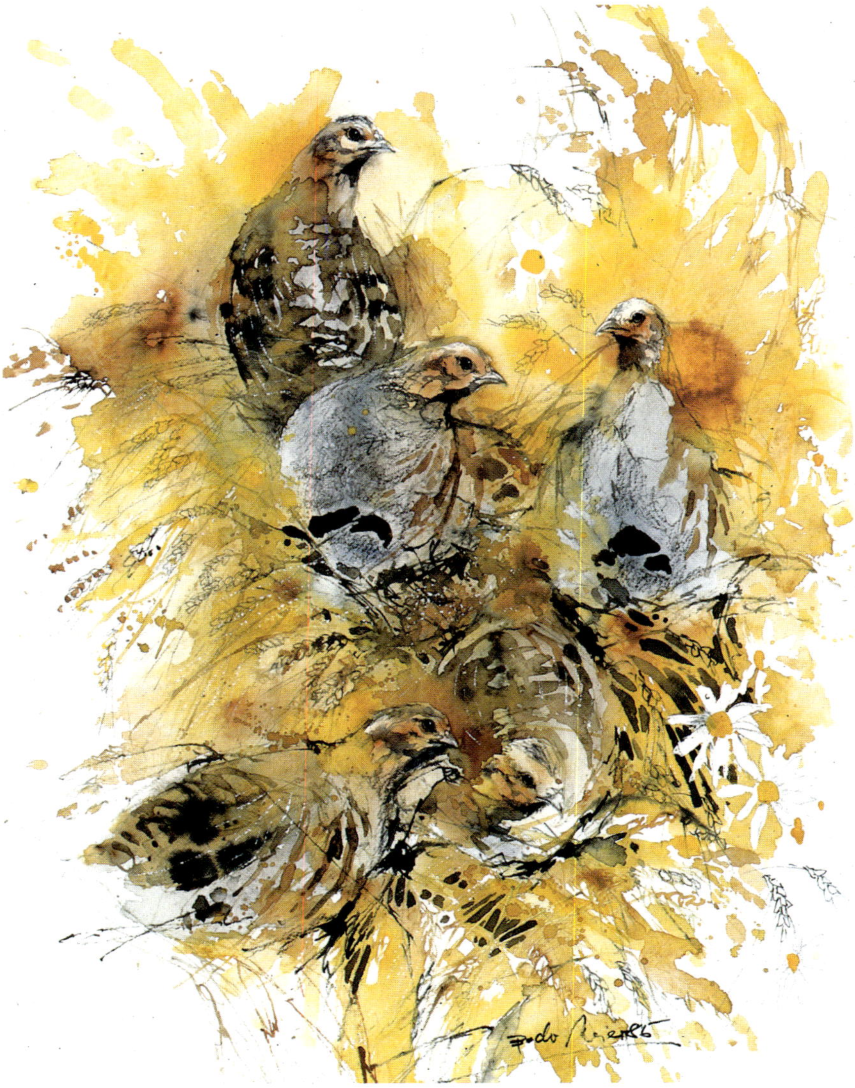

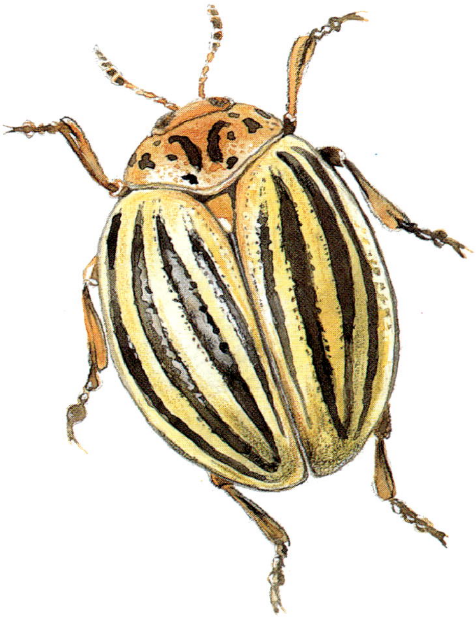

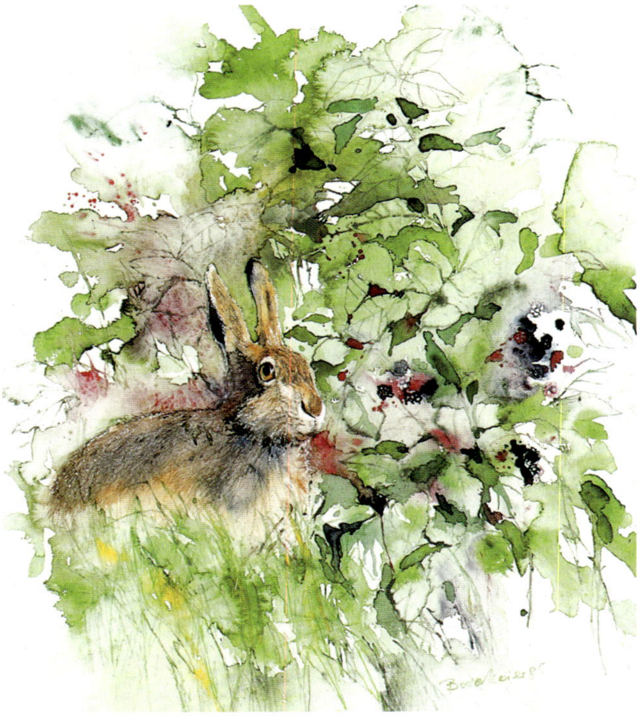

Hasen und Rebhühner sind Tiere, die sich in einer abwechslungsreichen Agrarlandschaft wohl fühlen. Das Verschwinden von Hecken, Gebüschzonen und geschützten Saumbiotopen hat auch ihren Lebensraum eingeengt. Insgesamt geht dabei die Artenvielfalt zugunsten einiger Spezialisten verloren.

Solche Spezialisten werden dann leicht zu „Schädlingen“, wie zum Beispiel auch der hier abgebildete, aus Amerika stammende Kartoffelkäfer, den Sie einfach von den Kartoffelpflanzen abpflücken können und der seine Schönheit erst unter der Lupe offenbart. Auf eine sorgfältig ausgeführte Zeichnung wurde die gelbe Grundfarbe gesetzt (Neapelgelb gelblich und Lichter Ocker). Die weitere Ausführung verlangte eine akribische Arbeitsweise. In mehreren farblich abgestuften Schichten wurden Flügeldecken und Brustschild aufgebaut, andere Stellen vorsichtig mit dem Pinsel ausgewaschen. Einige Bereiche wurden zuvor mit Rubbelkrepp abgedeckt, besonders an den beleuchteten Kanten der plastisch erhöhten Streifen. Außerdem wurde mit ganz wenig Deckweiß und Farbstift gearbeitet.

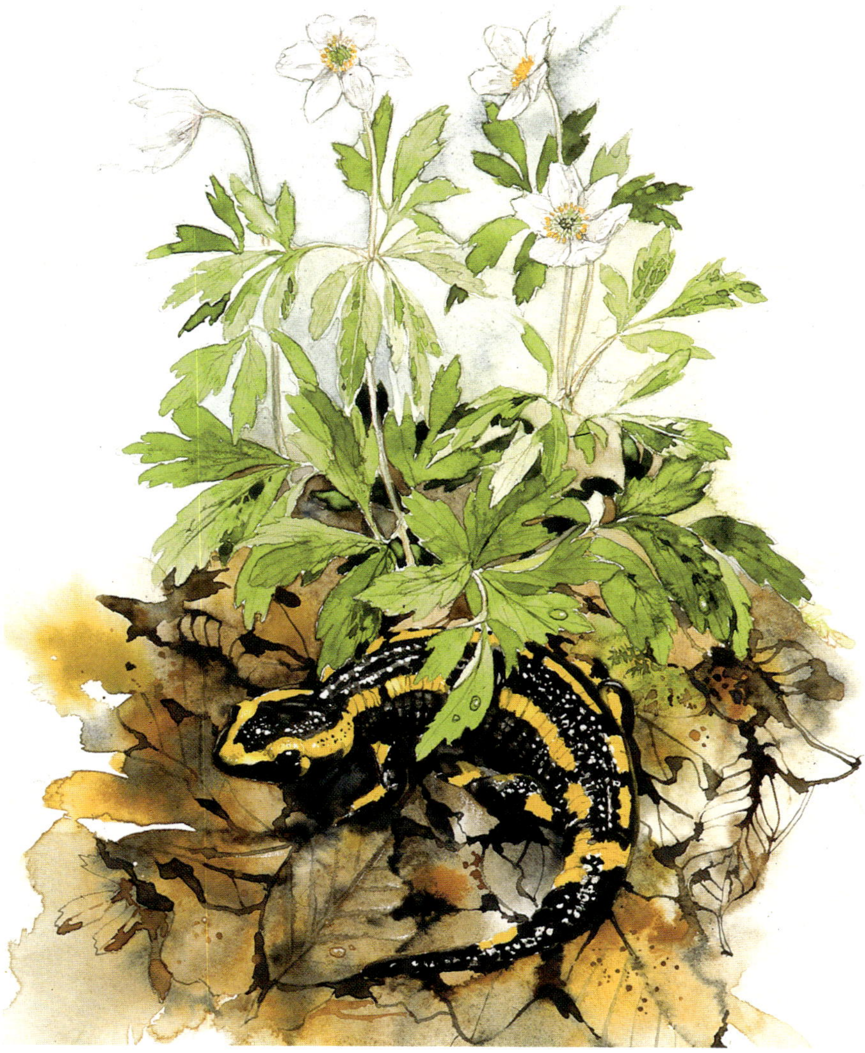

Salamander und Buschwindröschen
Diesen Lurch hat die Frühjahrswärme nach einem nächtlichen Regen aus seinem Winterversteck gelockt. Durch die Feuchtigkeit scheint seine schwarzgelbe Haut wie mit Glanzlack besprüht. Salamander sind langsame und bedächtige Tiere; aber Schnelligkeit brauchen sie auch nicht, ihre Beute, die Regenwürmer und Nacktschnecken sind ebenfalls langsam, und sie selbst vertrauen auf den Schutz ihrer Warntracht, die signalisiert: „Vorsicht! Ich bin giftig!".

Vor dem Malen des Lurches sollte man die leuchtend gelben Flecken oder Streifen, aber auch die Glanzlichter, vor allem in den schwarzen Partien der Haut genau beobachten. Der Feuersalamander tritt in zwei Farbvarianten auf: in einer unregelmäßig gefleckten und in einer gebänderten Form. Diese Bänder erstrecken sich vom Kopf links und rechts entlang der Körperachse bis zum Schwanz. Besonders auffällig ist der breite, ovale Kopf mit den wulstigen Hinterohrdrüsen (Parotiden). Berücksichtigen Sie diese Zeichnung ebenso wie das Muster der Runzeln und Wölbungen der deutlich segmentierten Haut, die besonders an den Seiten eine rippen- oder wulstförmige Gliederung aufweist. Durch diese Struktur ergeben sich die Glanzpunkte, die natürlich markiert werden müssen. In der Malerei mit deckenden Farben (zum Beispiel Ölmalerei) hat man es leicht, diese Glanzpunkte als abschließende Lichthöhung aufzusetzen. Schwieriger ist dies in der Aquarellmalerei. In einer zarten, lasierenden Malweise wirkt die Ergänzung zum Beispiel durch Deckweiß nicht harmonisch und sollte, wenn überhaupt, äußerst dezent angebracht werden. Die Lichtspiegelungen mit Rubbelkrepp abzudecken hat den Nachteil, daß die durch den Rubbelkrepp aufgelassenen Stellen oft hart und grob wirken. Am einfachsten ist es, die betreffenden Stellen beim Farbauftrag auszusparen. Bei dem Salamander wurde diese Methode eingesetzt. Das Schwarz wurde dabei zunächst in einer hellen Verdünnung aufgetragen und nach dem Trocknen kräftiger übermalt. Durch vorsichtiges Auswaschen mit einem dünnen Pinsel wurden die harten Ränder um die Lichthöfe und an den Konvexwölbungen abgemildert. Ganz feine Sprenkel wurden mit dem Messer herausgekratzt. Es wurde Elfenbeinschwarz und für die Flecken Kadmiumgelb verwendet. Der Gelbton kann übrigens von Zitronengelb bis zu hellem Orange variieren. Das vorjährige Herbstlaub wurde in Naß-in-Naß-Technik mit Ocker und Siena gebrannt, dem vorsichtig hier und dort etwas Indigo beigemischt wurde, angelegt und im Laufe des Trocknungsprozesses die Konturen mit einem feinen Pinsel (Gr. 0 oder 00) verstärkt. Diese Pinselgröße eignet sich für alle feinen Linien der Blüten, Blätter und des Salamanders.

Silberdistel mit Falter

Die filigrane Architektur der Silberdisteln erfährt durch die Anwesenheit der blumenhaften Schmetterlinge eine kontrastreiche Ergänzung. Blüten und Schmetterlinge passen zwar immer zusammen, hier aber steht der spröde Charakter der Pflanze mit seinen stacheligen Blattrosetten und den strohigen Blütenblättern in interessantem Widerspruch zu den zarten Faltern. Die Blüten der Silberdisteln werden von Insekten gern besucht. Nicht nur zahlreiche Großschmetterlinge, sondern auch andere pollen- und nektarschöpfende Insekten wie Hummeln und Bienen werden durch den schier unerschöpflichen Nahrungsvorrat und die augenfälligen, silbergrauen Hüllblätter angelockt.

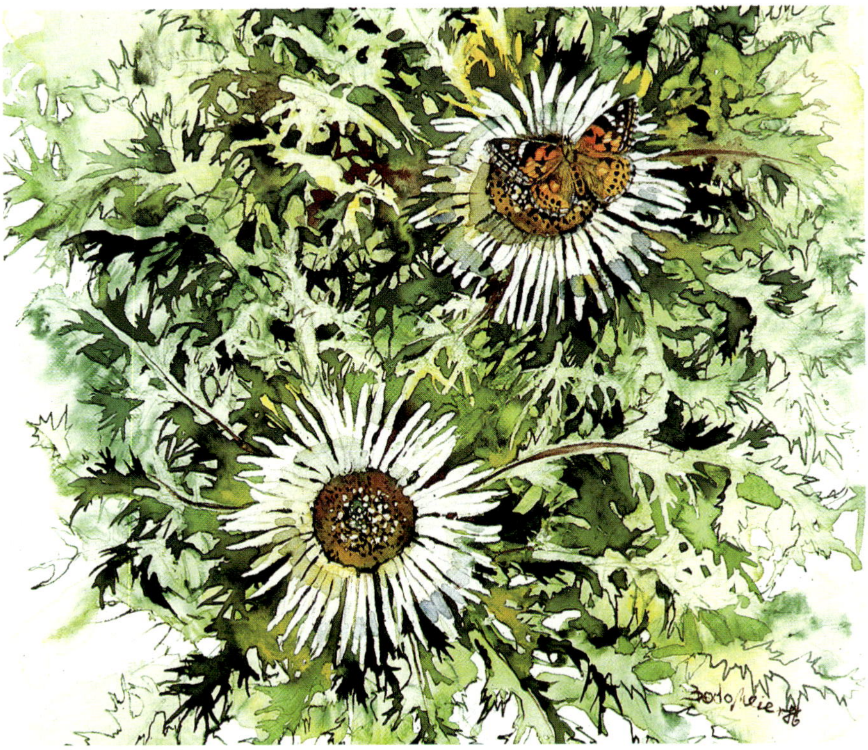

Das Aquarell oben zeigt einen Distelfalter, das untere zwei Admiralfalter. Zwischen beiden Bildern liegen einige Jahre; das obere wurde auf Torchon-Papier (Schoellers Parole, Nr. 203 1/2 V 275 g/qm), das untere auf glattem Malkarton (Schoellers Hammer, 4 R, 250 g/qm) gemalt.
Um das Laub der Disteln ungestört und großzügig malen zu können, wurden die äußeren Blütenblätter und die Schmetterlinge sehr sorgfältig mit Rubbelkrepp abgedeckt. Nach dem Entfernen der Abdeckmasse springen die Blüten dem Betrachter dann besonders ins Auge. Eine ringförmige, graue Farbspur auf den weißen Blütenblättern zum Abschluß erhöht den plastischen und silberglänzenden Eindruck.

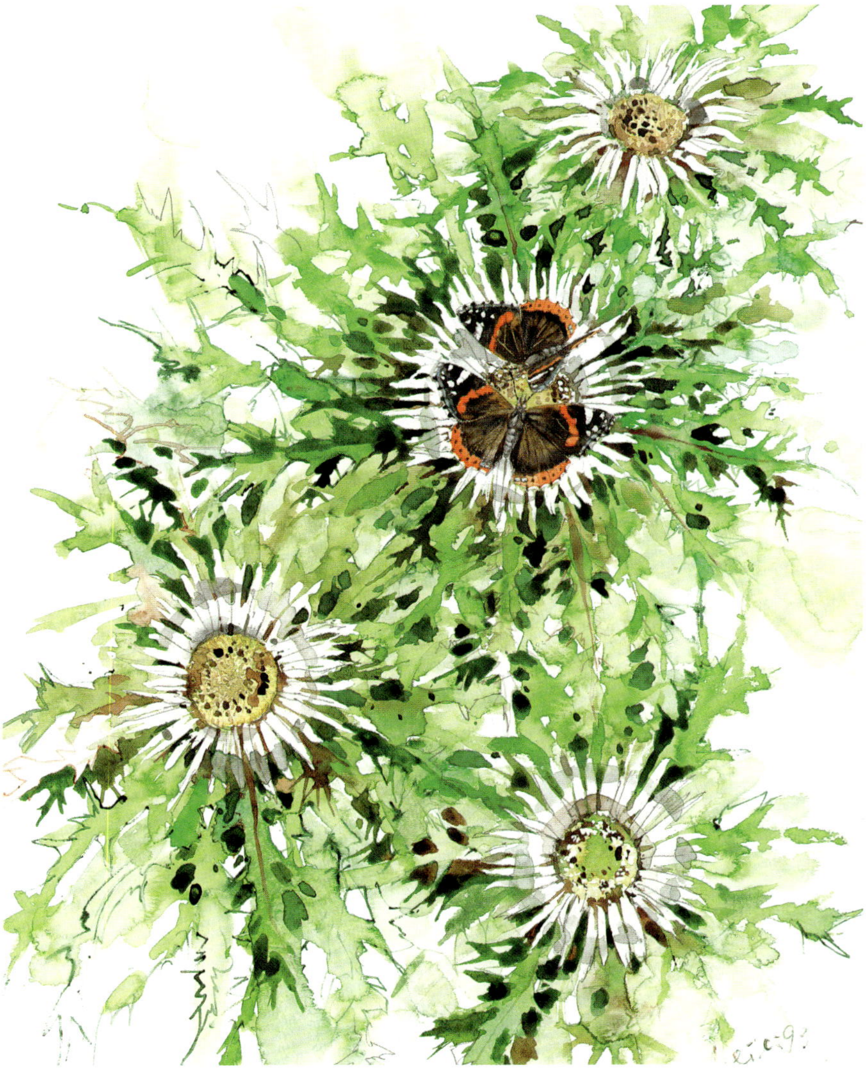

Tagpfauenauge – ein Aquarell in sieben Schritten

Die Konstellation von Schmetterlingen auf Steinen scheint ungewöhnlich, und doch habe ich oft den Kleinen Fuchs, den Admiral, das Tagpfauenauge und auf Mallorca einmal einen Schwalbenschwanz auf Steinen vorgefunden. Sie sitzen da, klappen mit den Flügeln oder breiten die Flügel zu ihrer ganzen Pracht aus. Mich hat der Kontrast der massigen Meereskiesel zu den scheinbar schwerelosen Faltern zum Malen inspiriert.

Schritt 1

Einige unterschiedlich große Kiesel werden in einer knappen Skizze auf dem gespannten Blatt verteilt. Auf einen von ihnen, möglichst etwas aus der Mitte herausgerückt, wird das Tagpfauenauge plaziert. Schmetterlinge sind streng symmetrisch; es empfiehlt sich daher, eine Schablone anzufertigen. Dazu werden auf ein gefaltetes Stück Papier der Flügelumriß und der halbe Körper aufgezeichnet und ausgeschnitten. Verwenden Sie die Schablone für die Umrißlinie der Flügelpaare. Anschließend werden die Feinheiten der Kontur herausgearbeitet. Als Vorlage können Sie z. B. ein Präparat aus dem Naturkundemuseum verwenden. Anschließend wird die Schmetterlingsform sorgfältig mit Rubbelkrepp ausgefüllt.

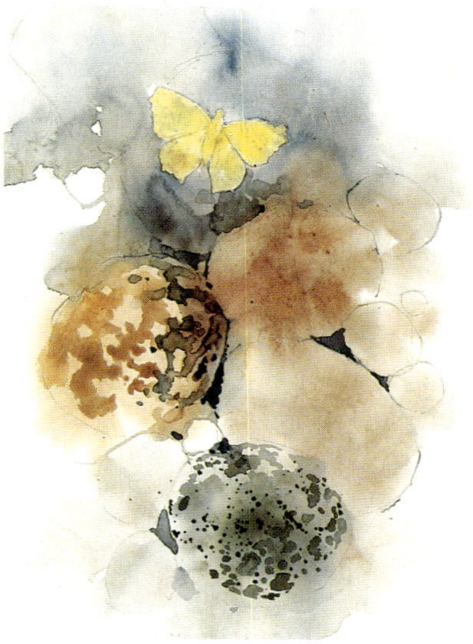

Schritt 2

Jetzt können Sie das Blatt anfeuchten. Für die Steine sollten Sie teilweise ungemischte Farben (Lichter Ocker, Lichter Ocker gebrannt, Siena gebrannt) und teilweise gemischte Farben (Siena gebrannt und Lichter Ocker, Siena gebrannt und Indigo) verwenden. Das schrittweise Trocknen gibt die Möglichkeit, die Oberfläche der Steine nach und nach zu bearbeiten. Eine Struktur, wie sie durch die mineralischen Einschlüsse entsteht, kann mit Hilfe der Spritztechnik gestaltet werden. Dabei wird der mit Farbe gefüllte Pinsel ähnlich wie eine Zigarre mit dem Zeigefinger ausgeklopft. Vor dem endgültigen Trocknen sollten nun die Umrisse der Steine herausgearbeitet werden: Verwenden Sie dazu den Pinselstiel, und setzen Sie dunkle Farbe zwischen die Steine.

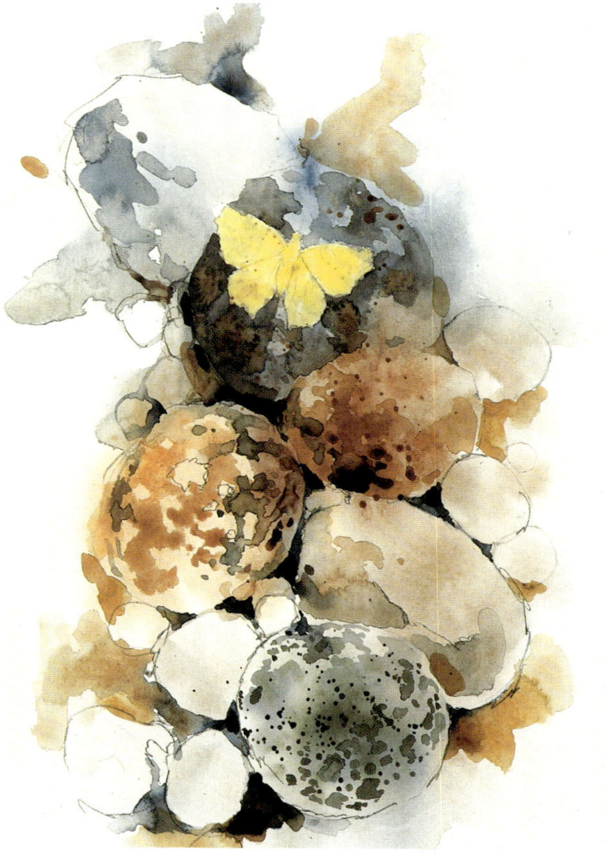

Schritt 3

Körper erhalten ihre Plastizität durch die Wiedergabe von Licht und Schatten. Die Wölbung der Steine und deren Einschlüsse werden durch Verstärkung der Farben modelliert. Abstände von Punkten auf einer Kugeloberfläche werden zu den Rändern hin geringer; runde Punkte werden zunehmend elliptisch und dunkler. Zur Verstärkung des farblichen Eindrucks werden kleine Sprenkel aus Chromoxidgrün stumpf, mit Siena gebrannt und Indigo gemischt, auf den unteren Stein und Caput mortuum auf den roten Stein im rechten Zentrum gesetzt sowie in die tiefen Zwischenräume Preußischblau.

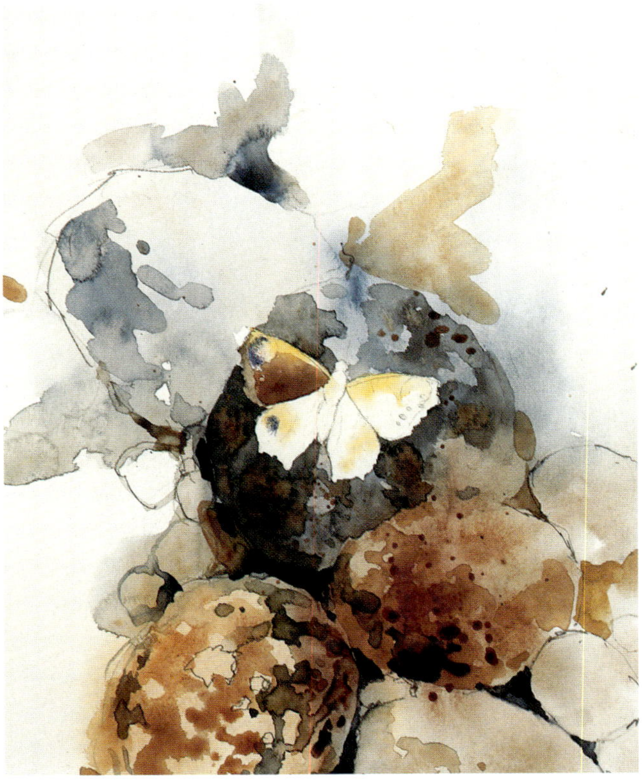

Schritt 4
Nach dem Abnehmen des Rubbelkrepps werden die Flügel des Falters (Augenflecken, Punkte und Binden) skizziert. Der erste Farbauftrag auf der angefeuchteten Falterform ist Indischgelb, dem etwas Neapelgelb beigemischt wurde. Die Augenflecken der Vorderflügel sitzen jeweils in der oberen, äußeren Ecke; vom Flügelrand sind sie nur noch durch ein schmales, braunes Band, das alle Flügel einfaßt, getrennt. Der Augenfleck am jeweiligen Flügel wird mit hellem Mauve markiert. Mit einer Mischung aus Siena gebrannt und Lichtem Ocker gebrannt werden die Vorderflügel gestaltet. Achten Sie dabei darauf, die winzigen weißen Flecken am Rand nicht zu übermalen.

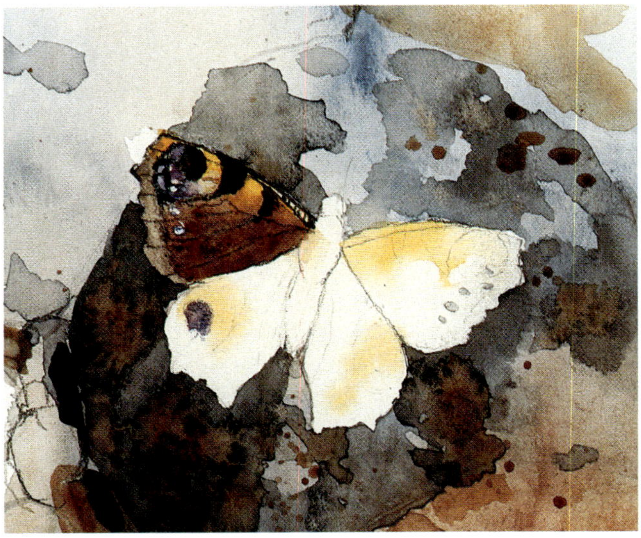

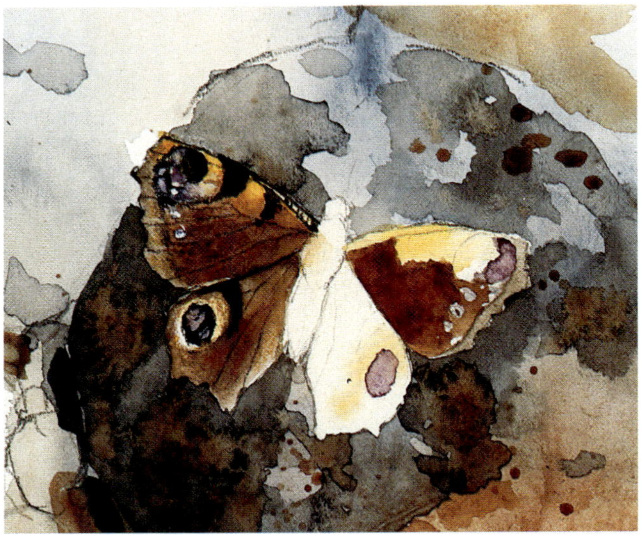

Schritt 5
Nachdem der Rand mit Sepia gemalt wurde, wird der Übergang vom Rotbraun zum hellen Gelb der Flügelzeichnung verwaschen. Die Bänder und Flecken können mit Indigo ausgearbeitet werden, ebenso die feine Bordierung des oberen Flügelrandes.

Schritt 6
Zunächst wird der linke Flügel fertiggestellt. Die Hinterflügel ähneln den Vorderflügeln, jedoch besteht der Augenfleck nur aus einem, mit schwarzem Rand versehenen violetten Hof und nur einer Binde. Die Grundfarbe ist nicht ganz so leuchtend rotbraun. Der Augenfleck des Vorderflügels umschließt eine schwarz bis rot schillernde „Pupille". Zum Rand hin geht die Färbung in Blauviolett über. Diesen hellen Bereich, ebenso die weißen Flecken, kann man, falls notwendig, mit etwas Deckweiß korrigieren. Mit einem sehr feinen Pinsel werden die Feinheiten (zum Beispiel die Aderung der Flügel) eingezeichnet.

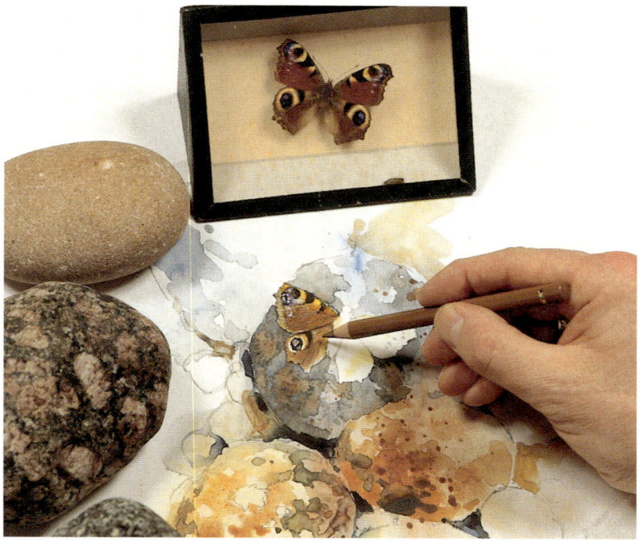

Die Zeichnung der Flügel besteht niemals aus harten, klar umrissenen Linien. Die Farben wirken immer leicht verwischt, sogar verwaschen, und meist etwas irisierend. Dies hängt damit zusammen, daß die Färbung der Falter durch Pigmentschuppen hervorgerufen wird, die sich ein wenig gegeneinander verschieben können. Besonders zur Spiegelachse hin, dort wo alle vier Flügel am Thorax (Brust) zusammentreffen, wirken die Flügel wie bepudert.
An dieser Stelle beginnt die Arbeit mit den Farbstiften. Wir benutzen sie zum einen, um mit einer dunklen Farbe feine Linien zu erhalten. Wir verwenden sie aber auch, um mit ihnen „schummernd“ einen hellen, pudrigen Auftrag auf den dunklen Flügeln zu erzielen.

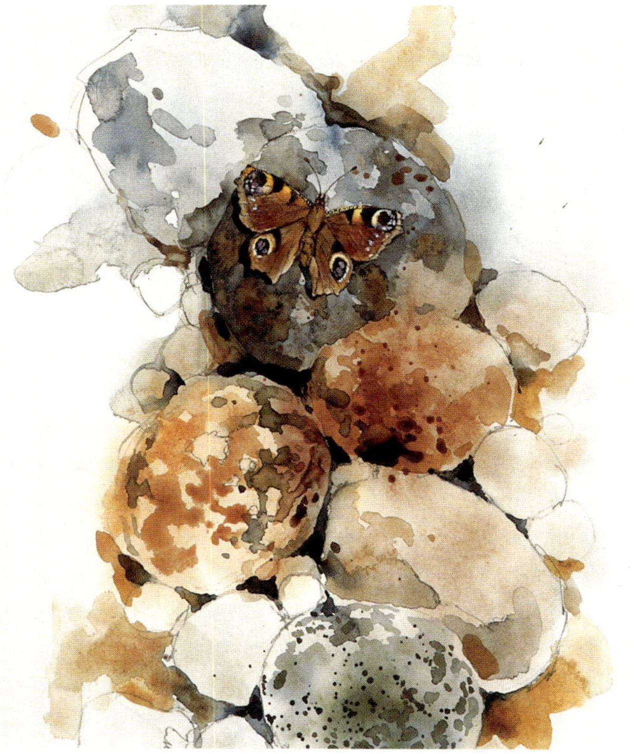

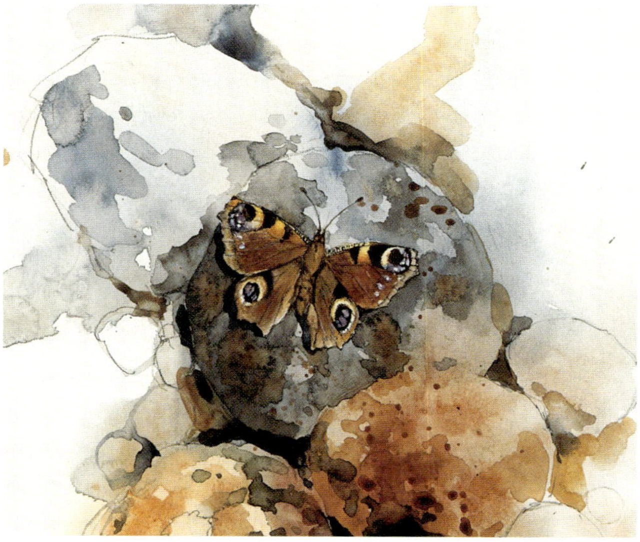

Schritt 7
Der Körper wird in Sepia gemalt; die feine Behaarung und die Segmentierung des Hinterleibs erfolgt mit einem Stift. Beachten Sie, daß der Insektenkörper dreigliedrig ist (Kopf, Brust, Hinterleib). Abschließend wird der Schatten des Falters auf dem Stein eingesetzt. Nehmen Sie dazu eine Mischung aus Indigo und Siena gebrannt, der Sie etwas Bergblau beimischen können.

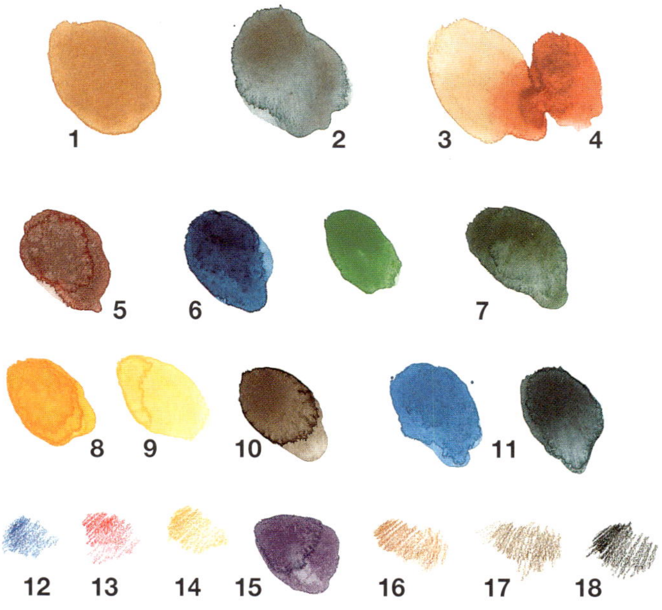

Farbskala
1 Lichter Ocker + Siena gebrannt, **2** Indigo + Sepia gebrannt, **3** Lichter Ocker + Sepia gebrannt, **4** Lichter Ocker gebrannt, **5** Caput mortuum, **6** Preußischblau, **7** Chromoxidgrün + Indigo + Siena gebrannt, **8** Indischgelb, **9** Neapelgelb gelblich, **10** Sepia (warm), **11** Bergblau + Indigo + Siena gebrannt, **12** Kobalt, **13** Karmin, **14** Goldocker, **15** Permanent Mauve, **16** Lichter Ocker gebrannt, **17** Bister, **18** Schwarz

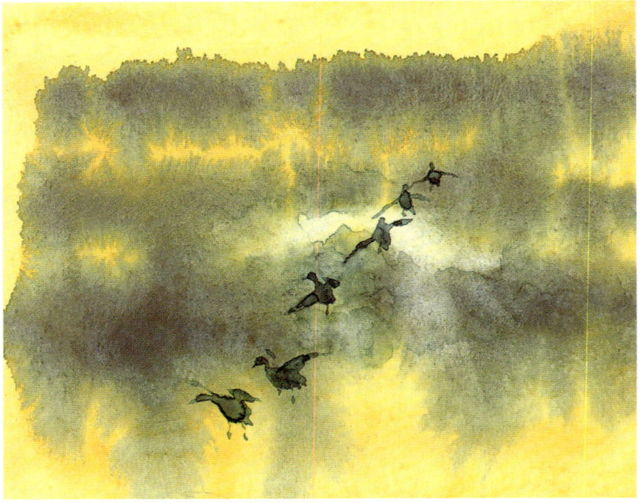

Naß-in-Naß-Technik
Nach dem Anfeuchten des Papiers wird durch gleichmäßigen Farbauftrag (Lavieren) eine Grundfarbschicht angelegt. Weitere Farbschichten werden dann in die noch feuchte Farbe gesetzt. Je nachdem, wie feucht oder trocken die untere Farbschicht ist, ergeben sich unterschiedliche Muster. Das Farbband oben wurde auf fast trockenen Grund aufgetragen, wodurch weiche Übergänge entstanden sind.

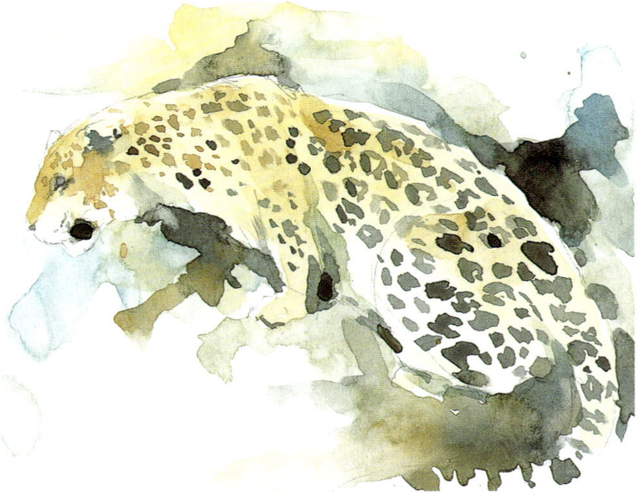

Schichtmaltechnik
Auch hier wird mit verschiedenen Farbschichten gearbeitet, nur decken dabei die überlagernden Farben die unteren weitgehend ab. Die oberen Farbschichten müssen daher entweder dunkler oder der Farbauftrag gesättigter sein. Wichtig ist, daß die unteren Farben vor einem weiteren Farbauftrag völlig durchgetrocknet sind.

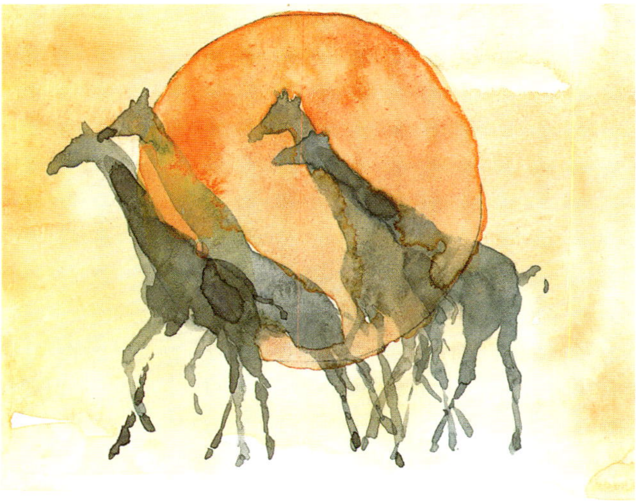

Lasurtechnik
Die Lasurtechnik beschreibt einen transparenten Farbauftrag auf getrocknete Farbschichten oder den trockenen Malgrund. Dabei werden die unteren Formen und Farben nicht abgedeckt, sondern schimmern durch die oberen durch. So entstehen interessante Farbmischungen und Farbnuancen. Diese Technik ist aquarellspezifisch.

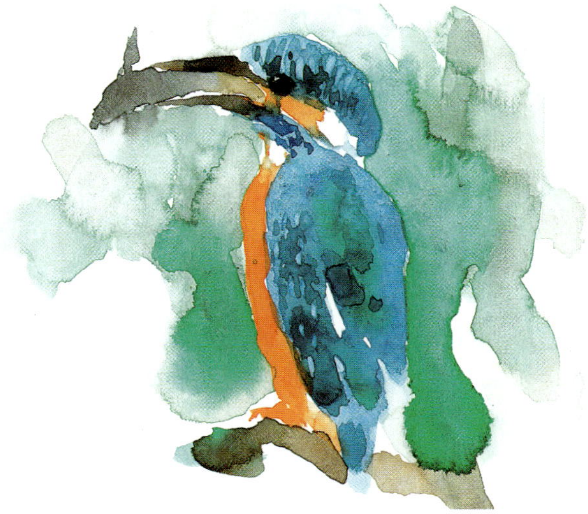

Primatechnik und Auswaschlasurtechnik
Bei dieser Technik erfolgt der Farbauftrag sehr schnell und spontan. Die Farben werden neben- und übereinandergesetzt und verlaufen an den noch feuchten Stellen. Diese Technik eignet sich besonders als „Freilufttechnik“.
Die leuchtenden Punkte im Gefieder wurden mit einem kleinen sauberen Pinsel ausgewaschen.

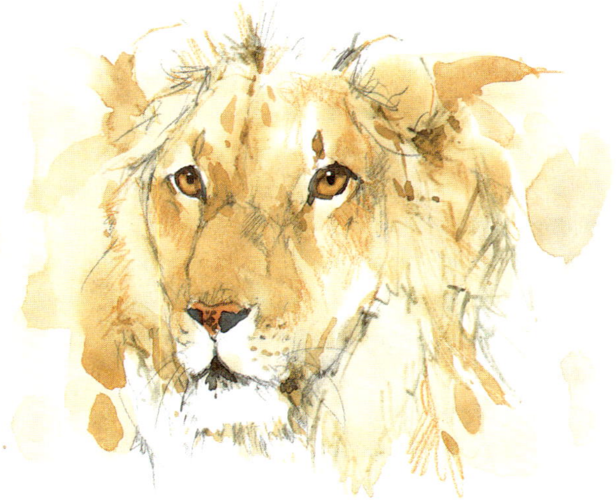

Ton-in-Ton-Maltechnik mit Ergänzung durch Pinselstiel und Farbstift

Die Umsetzung dieser Technik erfolgt ähnlich der vorangegangenen, nur daß hier die Form mit nur einem Farbton herausmodelliert wurde. Ergänzt wird diese Technik durch die Lineatur des Pinselstiels, der einen bewegten Strich in das Bild bringen kann, und durch den Farbstift.

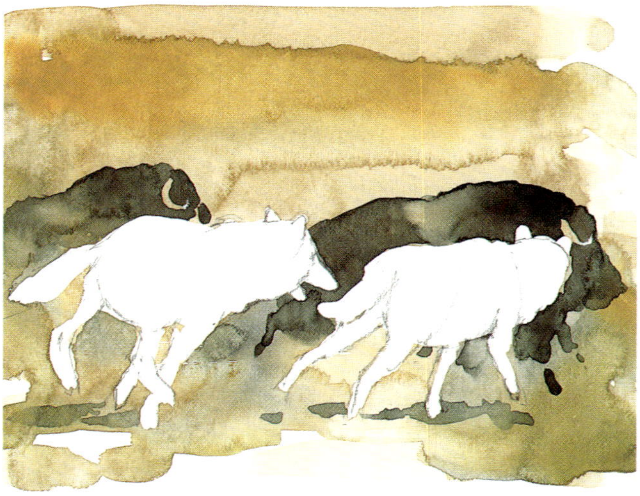

Abdecken mit Maskiergummi (Rubbelkrepp)

Klar umgrenzte Flächen und besonders komplizierte Formen können mit Rubbelkrepp abgedeckt werden, um die umliegenden Flächen sauberer malen zu können. Maskiergummi sollte am besten mit einem alten Pinsel aufgetragen werden. Nachdem es getrocknet ist, kann der Hintergrund des Bildes gestaltet werden, ohne auf die abgedeckten Bereiche Rücksicht nehmen zu müssen. Nach dem Trocknen der Farbe wird das Maskiergummi abgerubbelt.

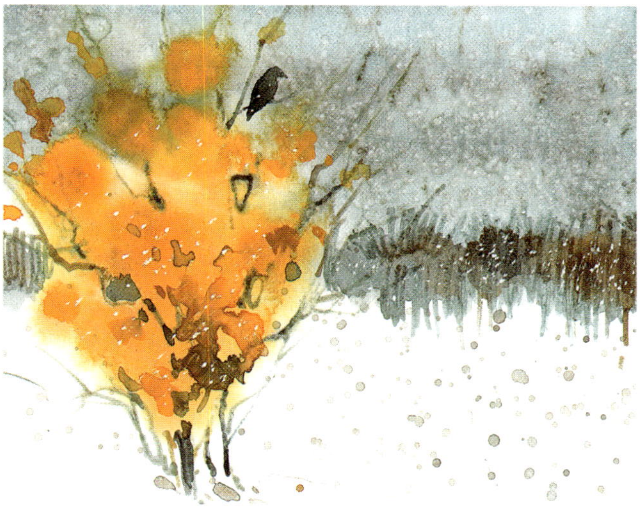

Kombinierte Naß-in-Naß-Technik und Lasurtechnik mit Salzgranuliereffekt und Spritztechnik

In die noch feuchte Farbe wird Salz gestreut, welches sofort Flüssigkeit aufsaugt und zu einer kristallinen Struktur auftrocknet. Das Schneegestöber am grauen Winterhimmel wurde auf diese Weise wiedergegeben. Die Spritztechnik, bei der der mit Farbe gefüllte Pinsel wie eine Zigarette ausgeklopft wird, unterstützt diesen Effekt. Die Zweige des Baumes und der Wald wurden wieder mit dem Pinselstiel ausgearbeitet und die dunklen Partien mit einem Graphikermesser ausgekratzt.

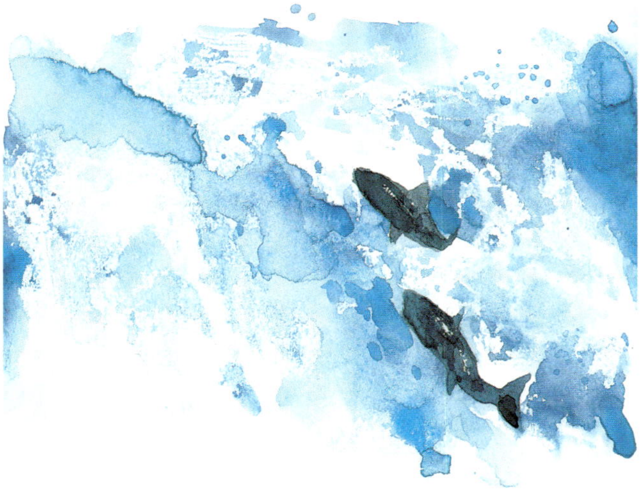

Abdecken mit Fetten, Wachskreiden u. ä.

Reibt man einige Stellen des Bildes mit einem Wachs- oder Ölmalstift ein, wird an diesen die wasserlösliche Farbe abperlen. Gut geeignet zum Abdecken ist auch ein weißer Edding Graphik Painter. Zusätzliche Wischeffekte können durch die Weiterbearbeitung mit einem Schwamm hervorgerufen werden.

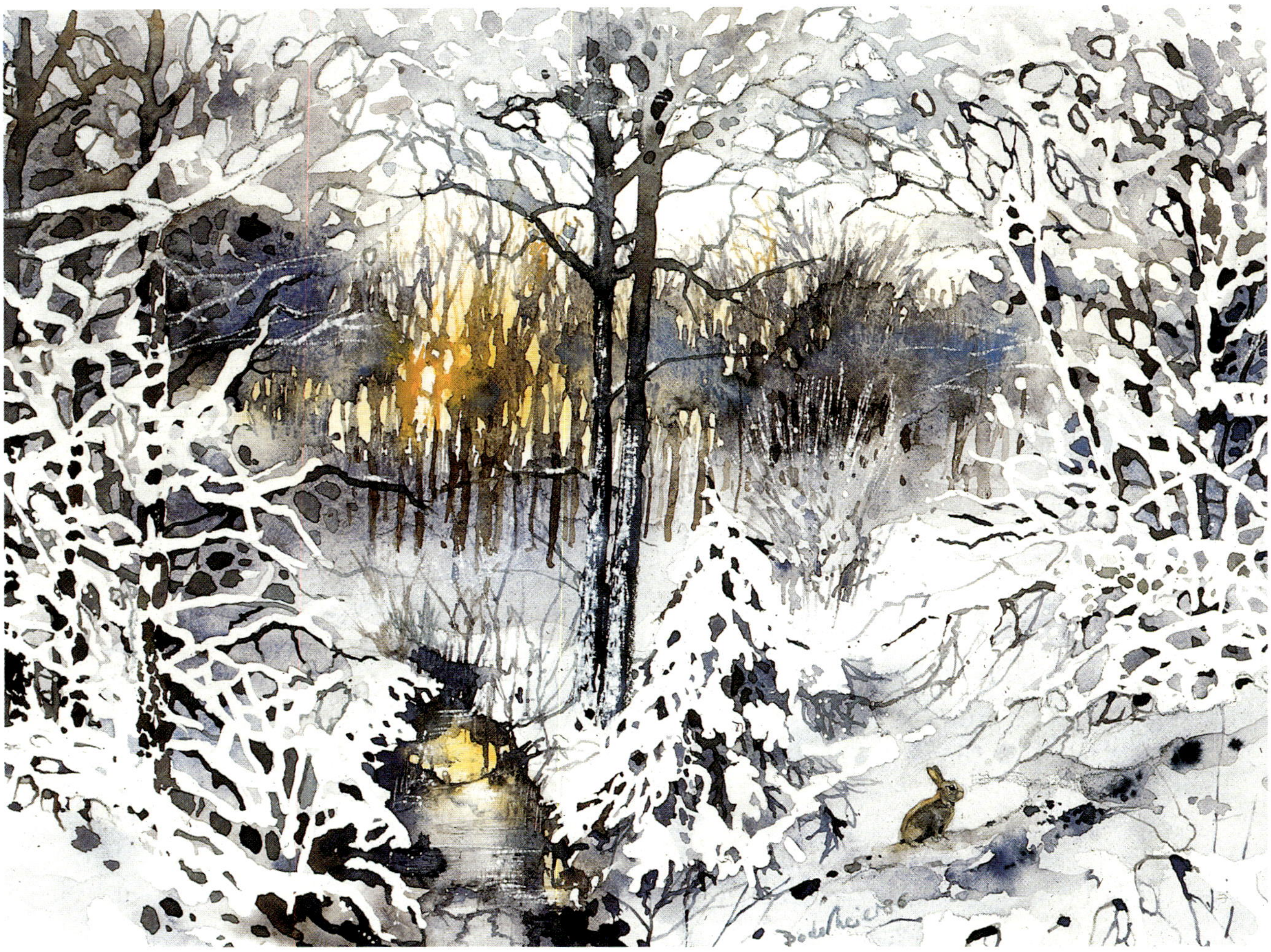

Schlußbemerkung

So sind wir also zum Ende unserer Malexkursion gekommen. Ich habe versucht, eine kleine Auswahl an Motiven zusammenzustellen, die sowohl dem Anfänger wie dem Fortgeschrittenen im Tiermalen ausreichend Übungsmaterial an die Hand gibt. Allerdings ist die Welt der Tiere zu vielgestaltig, zu umfangreich die Fülle der Formen und Arten, um sie ganz zu erfassen. Es konnten natürlich nur einige Tiere stellvertretend für viele andere in diesem Buch Erwähnung finden. Aus der Gruppe der Wirbeltiere habe ich zum Beispiel die Fische völlig ausgelassen, nicht weil sie keine lohnenden Motive wären, sondern weil die Beschränkung auch durch den Rahmen dieses Buches auferlegt ist. Auch einige andere Tiere, obwohl durchaus Sympathieträger, wie Wale, Bären und Robben blieben unberücksichtigt. Meine Absicht war es jedoch, Sie mit den Möglichkeiten des Tieraquarellierens vertraut zu machen und Ihnen dabei den einen oder anderen gangbaren Weg zu zeigen. Daher sind die Übungen Beispiele, die Sie beliebig auf weitere Objekte übertragen können. Seien Sie aber nicht enttäuscht, wenn Ihr angestrebtes Motiv nicht auf Anhieb gelingt. Versuchen Sie es einfach noch einmal oder probieren Sie ein anderes Motiv!

Tiere zu gestalten, bedeutet für viele Menschen ein großes Vergnügen, schon deshalb, weil die Schönheit der Tiergestalt uns immer wieder in ihren Bann schlägt. Vielleicht ist es mir dabei gelungen, Ihnen über die reine Übungsarbeit hinaus auch den Blick für den Zauber der Tierwelt zu schärfen.

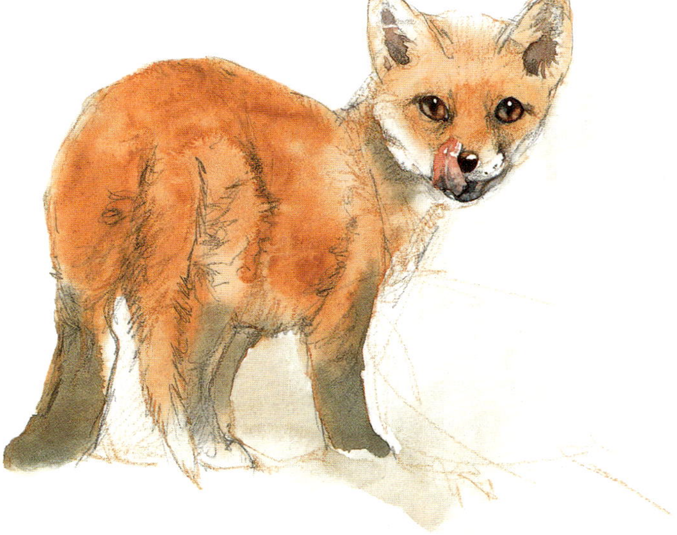